「他人の目」を
気にせずに生きる技術

千葉大学教育学部助教授
諸富祥彦

大和出版

もう「他人の目」に振りまわされずに生きたいあなたへ ……はじめに

私は心理カウンセラーです。いろいろな方の悩みをお聴きしていて、多くの方が「他人の目」にがんじがらめになって苦しんでいることを実感しています。

他人の目をまったく気にせずに生きることができたら、どんなに楽だろう。そんなふうに思っている方も決して少なくないと思います。

もちろん、もし他人の目が完全に気にならなくなったとしたら――たとえば、人通りの多い道を裸で歩いても平気だったとしたら――それは望ましくないばかりか、心の病にかかっていると思われても不思議ではないでしょう。〝ある程度〟他人の目が気になるのは、むしろ健全なことです。

しかし、だからといって他人の目が気になりすぎて生きづらくなったり、死にたくなってしまうほど追いつめられるとしたら、それは明らかに不幸です。

本書は、他人の目をまったく気にせずに生きることを目指したものではありません。

他人の目が気になって自分らしく生きることの妨げになっているとしたら、その程度を軽減して「他人の目をある程度は意識しながらも、それはそれと割り切って自分らしく生きることのできる人」になる。本書の眼目はそこにあります。

「他人の目を気にせずに生きる技術」

それは「自分らしく生きる技術」でもあります。

「あなたはあなたのままでいい」

いわゆる癒し系の書物では、そうした言葉が数限りなくくり返されてきました。そうした本を読み「そうか、私は私のままで生きればいいのか」と安らぎ、その安らぎが自信につながって、それまでとは見違えるような軽やかな人生を過ごせるようになった。そうした人も皆無ではないでしょう。

しかし多くの場合、「あなたはあなたのままでいい」といった癒しの言葉は、ほどなく効果を失うはずです。「私は今の私のままでいい」といくら自分に言い聞かせても、「今の自分のままでいられない自分」「今の自分を許せない自分」に直面させられてしまうからです。

たしかに「私は今の私のままでいいのだ」と、ごく自然に、無理なく感じられるようになったとき、私たちは他人の目の束縛から解放され、自分自身をあるがままに表現しながら生きていくことができるようになります。

問題は、どうしたら「私は今の私のままでいい」と無理に自分に「言い聞かせる」のでなく、心の深いところからジワーッと実感できるかです。心理カウンセリングは、つまるところ、こうした実感の伴った自己受容を目指すものです。「ああ、私は今の私のままでよかったんだ!!」

本書では、心理カウンセリングの最新のさまざまなアプローチを紹介しています。うまくすれば、数回のカウンセリングを受けたのと同じくらいの効果は得られるはずです。

人の目なんか気にするな!

そんな威勢のいい言葉を聞くと、「そう言われても……」と言いたくなる人も少なくないでしょう。気になるものは仕方ありません。「よし! もう人の目なんか気にしないようにしよう」と決意するだけで解決するのであれば、苦労しません。

どうしても人の目が気になる。まず、そんな自分をやさしくそのまま認めてあげることです。そうすれば、解決の道筋は、自ずと明らかになってくるでしょう。

「他人の目」を気にせずに生きる技術　もくじ

2章　自分を縛る「呪文」を書きかえる
生きづらさから脱け出す方法

3章 「他者中心の生き方」から「自分中心の生き方」へ

人生の主人公は、あなた自身

5章 「あるがままの自分」を信じて生きる

なすべきことを実現する人生

1章

なぜ、こんなに「他人の目」が気になるのか

❖孤独を恐れる心理

「みんなと同じでなければ、生きていけない……」

仲間からはずれないための努力

「個性」の大切さがしきりと唱えられ始めて、もうどれくらい経つでしょうか。「個の時代」といった言葉も、いささか手垢にまみれてきた感が否めません。

では実際にはどうでしょう。日本に生きる人々は、「個」を確立しつつあるといえるでしょうか。

答えは明らかにノーです。むしろ逆なのではないかとさえ思えます。

たしかに集団主義から離脱して「個」を確立しえた人、力強く「自分」を生きぬいている人もわずかながら目につくようになりました。その分だけ、日本社会も風通しのよい生きやすい社会になっているのでしょう。

しかし圧倒的多数は、むしろ一昔前よりもずっと深く集団に埋没し、集団に同化せずには生きられないようになってしまっている。私の目にはそう映ります。

「横並びの浅はかな平等主義」が日本社会の元凶となっています。

突出することは許されない。突出したくない。みんなと同じ状態であると認め合うことで、自分を守ろうとする。そんな切ない努力を重ねる人も少なくありません。

二極分化と考えてよいのかもしれません。心の自由を獲得した少数の人々と、心がますます不自由になった人々。そんな皮肉な二極分化が進行しているようにも見えるのです。

女子高生たちの姿は象徴的です。仲間の目を気にするがために、どんなに寒くてもミニスカートをはき続けます。みんなが巻いているからと、ブランドも柄もまったく同じマフラーだったりします。

女子大生たちも同様です。仲間同士、みんなでそろって同じ傾向の派手なファッションに走っている。それぞれに個性を発揮しているつもりなのでしょうが、見えない枠のようなものにはまっています。

「ピアプレッシャー」という言葉があります。ピア（peer）は「仲間」、プレッシャーは「圧力」という意味。お互いに牽制し合って、突出しないことで仲間であることを確認する暗黙の圧力のことで、「同調圧力」と訳されています。女子大生や女子高生が、仲間同士、同じようなファッションであることが多いのは、まさにこの「ピアプレッシャー」の表れです。

では男子高校生たちや男子大学生たちはどうでしょう。男の子たちの多くは、女の子ほどには同調圧力を感じてはいないでしょうか。

一見そう思えますが、私の観察では、女の子よりも男の子のほうが、より深いところで排他的であり、仲間の目を気にしているようです。

女性には意外かもしれませんが、男の子もけっこう陰口を叩くのです。男の子のほうが実は表裏の使い分けも徹底しているようです。

最近の女の子は、嫌いな人の目の前でもガンガンものを言います。けれど男の子は当人の目の前ではヒソヒソ話をします。一昔前に比べると男女に逆転現象が生じてきているのです。これは高校や大学で教師をしている人なら誰でも感じていることかもしれません。

そんなはずはないだろう、と思われるかもしれません。しかしそれが現実です。女性は他人の目を強く気にするけれど、いざとなれば開き直れる強さがあります。しかし男性は、一見、さほど他人の目など意識していないように装いながら、その実、心の奥底では仲間はずれにされることをより強く恐れているのです。

根強く残る「ウラ文化」

日本には「村八分の文化」が根強く残っています。みんなと違うことをすると排除されたり非難されたりする空気。江戸時代以来、この村八分の文化は、明治、大正、昭和、平成と歴史を重ねる中でむしろ強化され、そのまま今日まで尾を引いています。

「個の時代」といわれて久しい今日、学校でも「個性を伸ばす」をスローガンにして、新しい教育のあり方が模索され続けています。実際、教科の授業や学級経営の中で、先生方は子どもの自己表現を促し、個性を大切にしようと努めています。これが学校の「オモテの文化」です。

しかし実は、学校にはきわめて根強い「ウラ文化」があります。学校生活で子どもたちにとって大切なのは、何といっても友人（仲間）。その友人関係が、先ほど述べたピアプレッシャーに支配されているため、表向きは「個性を伸ばす」といいながら、その実、個性を圧殺しないではいない暗黙の文化が、今も学校社会を根強く支配しているのです。

この「隠れたカリキュラム（ヒドゥン・カリキュラム）」を通して、子どもたちはくり返し学び続けています。本気で個性なんか発揮してはならないのだ。独創的であってはならないのだ。自立的であってはならないのだ。横並びの仲間意識から排除されたら生きていけないのだ。そのようにくり返し学び続けているのです。

この学校のウラ文化は、親世代にも波及しています。親たちは自ら社会のプレッシャーを感じながら、横並びの仲間意識から排除されない努力を重ね、子どもたちにもそのプレッシャーを負わせています。

時代の変化が生んだ不安

「個性を伸ばす」を旗印に掲げるようになって以来、教育の内容と方法は、たしかに新しくなっています。ディベートを行なったり、総合学習の中で意見や考えを発表させたりして、個の「生きる力」を育もうとしています。その意味では「個性を伸ばす」教育は単なるスローガンにとどまってはいません。

にもかかわらず、なぜ「隠れたカリキュラム」で個性は殺されてしまうのか。そこにはいささか屈折した人間心理が潜んでいるとみてよいでしょう。

今までは集団に同化することがよしとされてきた。その状態で安定していた。しかし昨今、個として、集団に埋没することなく主張できることが大切だと強調されるようになった。その結果、これまでの安定が崩れ、不安がふくらんでしまい、逆に、集団の結束を強めようとする心理が活性化されてしまったと考えられるのです。

現在の学校現場には、そうした現実が蔓延しています。生徒たちの様子をよく見ているとわかります。彼ら彼女らは、教師が語る内容よりも、教師が実際にしていることのほうから、より強い影響を受けています。教師が、表のカリキュラムで個としての表現の大切さを説いていても、教師の日常の言動がその反対であれば、心の深部はそちらの影響を受けてしまいます。

典型的には中学・高校における生徒指導の影響でしょう。個性を大事にといいながら、事細かな服装チェックや持ち物検査などで子どもたちの心を枠にはめようと必死になっています。

この、学校教育における意図的なスローガンとしての「個の尊重」と暗黙のルールとしての「集団主義」の混在は、今、学校が過渡期、変容の時期にあることをよく示しています。建て前と本音の乖離を乗り越えながら、わずかずつでも望ましい状況、建て前として目指している状況へと近づいていく。今、日本の学校はそんな位置にあると考えられるでしょう。

「ひとり」になるのを恐れる心理

オバタリアンと若者の共通点

では、日本的な集団主義・同調主義に、昨今の若者などよりもはるかに深くどっぷり浸かってきたはずのいわゆるオバタリアンたちは、なぜあんなにも堂々と、他人の目などまったく気にせずに行動できるのでしょう。

実際、彼女たちは他人の目など一切気にならないかのように傍若無人にふるまいます。たとえば乗り物などでの席取り。降りる人の波をかき分けて一目散で車内に駆け込んだかと思うと、自分の席だけじゃない、荷物などを置いて仲間の分まで確保する。電光石火の早業です。

正直、あきれてしまいます。自分と仲間のこと以外はまったく考えていない。周囲にお年寄りや赤ちゃんを抱いたお母さんがいても、まったく意に介さない。一部のオバタリアンの壮絶な図々しさには圧倒されてしまいます。

ところが図々しさの権化のように見えるオバタリアンたちも、実は、他人の目をひどく気にしているのです。オバタリアンにとっての他者は、比較的狭い範囲の仲間や身内です。彼女たちは、社会の大多数（世間）からどう見られるかよりも、仲間や身内にどう見られるかに執着して生きています。

この点は、若者たちとオバタリアンの共通点です。いずれも、ごく近しい仲間や身内の目だけを気にしているようです。若い女性が電車の席で平気で化粧できるのも、地べたにベターッと座り込むことができるのも、仲間の目は気になるけれど、しかし他者一般（世間）の目は気にならないからです。

一般に大人は、かなり広い範囲の他者の目を気にして生きています。無名の他者・不特定の他者の視線を気にする傾向が強くなります。それがいわゆる「恥」の文化なのですが、最近は仲間や身内の目だけを気にする傾向が強まってきているのです。

若いOLのランチタイム症候群と呼ばれる悩みも同様です。お昼休み、昼食をとるときに、たったひとりで食べるわけにはゆかない。友人がいないと思われるのがつらい。それがきっかけで、退職に追い込まれるケースも少なくないといわれます。

このランチタイム症候群など、給食をひとりで食べるのがつらいからと不登校になる子どもソックリ。ピアプレッシャーを核とした学校のウラ文化が、日本全体に浸透しつつあることの表れです。

いじめより孤立がつらい

建て前として「個の尊重」をいいながら、その実、根深い集団主義でお互いを縛り合っている日本社会。ランチタイム症候群の女性も、対人恐怖の男性も、ともにそんな社会の犠牲者としての側面を有しています。

こんな具合に、日本社会が集団主義から離脱できないでいるのはなぜなのか。その原因を探っていると一つの歌が思い出されます。

♪一年生になったら
友だち100人できるかな

友だちは、何よりも大事。だから、友だちをつくれない自分はダメな自分。値打ちのない自分。そんな思い込みを、私たちは幼い頃から刷り込まれてきたのです。ひとりぽつんと、自分のペースで過ごす子は友だちとかかわれない「問題児」と見られてしまいがちです。

幼稚園・保育園時代、小学校時代と、小さいときからずっと♪友だち100人できるかな♪のプレッシャーに脅されて育つ子どもたちは、個を押し殺してでも、友だちや仲間から排除されることを、何よりも恐れるように育ってしまいます。

十年近く前、大河内清輝君のいじめ自殺が大きな問題になっていた時期、私も小学校高学年の子どもを対象にいじめの調査をしていました。小学校六年生のある子は、自分の属するグループでいじめられているにもかかわらず、そのグループから離れようとせず、また抵抗らしい抵抗もしていませんでした。その子は言いました。

「先生、わかんないの？　ボクたちにとって一番みじめでつらいのは、いじめられることじゃないんだ。クラスにいてひとりぼっちで孤立することなんだ」

いじめられるよりもひとりで孤立するほうがつらい。「あいつ、友だちいないんだ」と思われることほど、みじめでつらいことはない。いじめられるよりも孤立が怖いという訴えには、そんな心理が働いているのです。

自分の「内なる力」に気づけば、胸を張って生きられる

「孤独力」を育てる方法

中には、集団に迎合することなく、ひとり、自分のペースを保って過ごしている子どもや若者もいます。

しかし残念なことに、そういう子どもや若者は、必ずしもそんな自分を肯定しているわけではありません。「私はこれでいいんだ」と思えているわけではありません。逆に「自分はみんなに友だちになってもらえない、値打ちの低い人間だ」と思いつめ、劣等感にとらわれている場合のほうが多いでしょう。

人には集団や仲間になじみやすいタイプとそうでないタイプの人がいます。

一般に、前者は肯定的に、後者は否定的に見られがちですが、事実はそうではありません。集団になじみやすい人には、ひとりで過ごすことは苦手という欠点があると見ることもできるのです。

また、人には、集団や仲間に入って活動したい時期と、ひとり自分だけの世界で過ごしたい時期とがあります。その双方がないと、本来の能力は発揮できないものです。

私は最近、「孤独力」の必要性を主張しています。集団や仲間に依存したり迎合したりせず、ひとりになり、自分の心と対話し、自分の生き方を見つけていく。孤独力とは、そういう能力です。

そして、この孤独力の逆説的なところは、その基礎が自分の今のままの姿を受けとめてくれるような他者との関係の中でこそ養われていくところにあります。自分を今のまま、そのままで認めてくれる他者との関係の中で、はじめて人は自分の心の声に本当に素直になれる。自分の心と対話して、孤独力を育んでいくのです。

カウンセリングの神様とさえたとえられるアメリカの臨床心理学者カール・ロジャーズは、カウンセリングのこの逆説的性格を見抜いていました。そして、その人の心の訴えをそのままお聴きし、受けとめることの大切さを説きました。

たとえば神経症にしても対人恐怖症にしても多くの場合、人に気に入られたいと思いつめすぎる心の状態、人の目を気にしすぎる心の状態が原因です。

人に気に入られるためには、こうでなければならない、ああでなければならない、決してこうであってはならない、と思いつめ、今ここでこうしている自分が他者の目にどう見えているのかが不安でならない。そのために心が縮み上がって身動きできなくなってしまう。そんなふうに心ががんじがらめになっているのが神経症であり対人恐怖症です。日本の若者には、男女を問わず、神経症的・対人恐怖症的な傾向に苦しんでいる人が数多くいます。

カール・ロジャーズは、そんな心の問題を抱えた人を助けるためには、ただその人が語るまま、訴えるままを聴き続けることが大切だと言いました。思いのままに語るのを受けとめてもらっているうちに、自分の心との対話が始まり、心が調整されてくる。そこに心理カウンセリングの基本がある、と考えたのです。

このロジャーズの理論は、近代的なカウンセリングの基礎となり、今も最も大事な基本として教えられています。

受け入れられると、心は軽くなる

このことについては、私たちも日常的に経験しています。

誰か気のいい友人をつかまえて、延々とグチを聴いてもらう。友人は特に意見もアドバイスもなく聴き続け、うなずいてくれているだけなのに、グチり終わったら、なんだか心が軽くなり、前向きになっていた。そんな経験がおありだと思います。ロジャーズが説いた来談者中心カウンセリングの原理も、そんなところにあるのです。

そうかそうか、そうなのか、と気持ちを受けとめてもらっていると、人の心は軽くなり、前向きになってきます。

人の目が気になるのか、それはつらいね。仲間に入れないと不安でならないのか。それも苦しいね。そして、そんな自分と何とか付き合いながら、これまでやってきたんだね。そのように心を聴いてもらっているうちに、自分の心の声が聴こえてくる。人にはそういう時期もあるものだし、仲間に入るばかりがいいわけじゃない、と安心できる。

すると不思議なことに、いつの間にかあまり人の目が気にならなくなったり、いつの間にかさまざまな仲間に入れるようになっていたりするのです。

これとは逆に、そんなおまえじゃダメだ、もっと積極的に集団に入れ、尻込みしていてはいけない、孤独に過ごしてはいけない、と叱咤されたり激励されたりしたとしましょう。すると、「ああ、やっぱり今の自分はダメなんだ。だからってなんとかなろうとしてもどうにもなれない自分は本当にダメなんだ」と後ろ向きになってしまいがちなのです。

実際、教師や親が、叱咤や激励、批判をくり返すと、苦しい心をなおさら追いつめてしまうことになりかねません。

では、いったいどうしたらいいのでしょう。

その方法を示すのが本書の目的です。

他者の助けがなくても、自分の内面に隠れている力に気づきさえすれば、あなただってそう、人の目なんか気にせずに胸を張って生きられるようになるでしょう。

2章

自分を縛る「呪文」を書きかえる

❖生きづらさから脱け出す方法

自分を不幸にする「間違った思い込み」

思い込みが強い人ほど、人の目が気になる

人の目が気になって仕方がない。そのために、がんじがらめで身動きがとれないほど心が縮んでしまい、とてもじゃないけど自分の思うようには生きられない。そんな人の心を支配しているのは「間違った思い込み」です。

間違った思い込み。たったそれだけのことで、苦しくて生きられないほど心が縮みあがってしまう。そんなことがあるのだろうかと疑う方もおられるでしょう。しかし心を支配しているメカニズムは、意外に単純な場合も多いのです。

他者の目が気になって、つらくて仕方がない人の心を支配している「間違った思い込み」には、主として次のようなものがあります。

① すべての人に受け入れられる人間でなければ、自分には価値がない。

② あらゆる面において、人並み・世間並み以上でなければ恥ずかしい。
③ 仲間作りが下手で、いつもひとりになりがちな人間はみじめだ。
④ グループや同僚といつでも仲良くなじめないのは社会性が欠落しているからだ。

思い込み具合の程度は、人によって強かったり弱かったり、さまざまでしょう。けれどこうした思い込みの傾向が強くなれば強くなるほど、人の目が気になるようになります。その状態が激しくなれば、すべての判断は「今の自分は人の目にどう映っているか」を気にしつつなされるようになり、自分本来の望みとはかけ離れた息苦しい状況に身を置き続けることになりかねません。

このように自分の心を苦しく縛り、縮ませてしまう「間違った思い込み」を心理学の世界では「イラショナル・ビリーフ (irrational belief)」といいます。

イラショナルとは、理性的でない、分別のない、非合理的な、といった意味です。ビリーフは、思い込み、信じ込み。したがってイラショナル・ビリーフとは「非合理的な思い込み」と訳されます。平たくいえば「人生の事実に即さない、偏った思い込み」のことです。

このイラショナル・ビリーフこそ、「自分を不幸にする思い込み」です。

イラショナル・ビリーフの反対側に位置しているのは「ラショナル・ビリーフ(rational belief)」です。ラショナルは、理性的な、分別のある、道理をわきまえた、合理的な、といった意味。したがってラショナル・ビリーフは「合理的な考え方」のことであり「人生の事実に即した現実的な信条」のことです。

論理療法（ラショナル・ビヘイビアル・エモーショナル・セラピー）という心理カウンセリングの方法では、①まず「自分の心を支配しているイラショナル・ビリーフに気づき」、②「そのイラショナル・ビリーフをラショナル・ビリーフに置き換える」という試みを重ねていきます。

「心を縛る考え方」を手放す

さて、ここで周囲を見回してみることにしましょう。すると、イラショナル・ビリーフに支配されて無用な苦しみに翻弄されている人が、決して少なくないことに気づかれるでしょう。

ランチタイム症候群の人は「お昼ご飯を一緒に食べる友だちすらいない私は、魅力のないダメ人間だ」と思いつめています。

公園デビューに失敗したヤングママは「ママ友だちさえできない私は母親失格だ」と思いつめています。

仲間と一緒だといつも盛り上げ役になってしまい、その実いつだって疲れ切ってしまう若者は内心、「いつもハイになって盛り上がっていなければマズイ。暗かったり重かったりじゃ嫌われてしまう」と思いつめています。

どの思いつめも、すべてイラショナル・ビリーフの典型です。その結果、落ち込んだり、疲れ切ったりしてしまっているのです

では、これらに対応するラショナル・ビリーフはどうか。たとえば次のようになるでしょう。

「誰かと仲良くお昼を食べるのも楽しいけど、ひとりでゆっくり食べるのも悪くない。この会社に友人がいないからといって、私に魅力がないわけでも、ダメ人間というわけでもない」

「公園デビューにしくじっちゃったけど、他にも公園はある。ママ友だちはいないけど、古くからの友だちはいる。ママ友だちができなくても、母親としてちゃんとやってゆけ

る」

「人間同士、いつもハイになっていたら疲れてしまう。ハイになったり静かになってみたり、軽やかだったり重たくなったり、いろいろあるのが自然でいい」

いかがでしょう。要するに、妙に凝り固まった考えをやめて、当たり前のことを当たり前に認めて生きていくのです。すると、「行き詰まったら視野を広げてより幅広い可能性の中から次の一歩を選択できればいいじゃないか」という、日々をよりスムーズに現実的に生きるのに便利な考え方に変わってゆくのです。

まず、この論理療法の意識改革法によって、自分を不幸に縛り付けていた考えから解放させていきましょう。

なぜ「世間並みの生き方」にとらわれるのか

「常識」という名の迷信

では、イラショナル・ビリーフはどこからくるのでしょうか。

イラショナル・ビリーフは、自分の中に自然に湧き上がってきたわけではありません。どこからかやってきたのです。それは、原則として自分の心の外側から入り込んできたものばかりです。

親。教師。学校。テレビ。本。雑誌。先輩。友人。

人の心にイラショナル・ビリーフを次から次へと送り込んで、心を息苦しく支配してしまう犯人は、至るところに見つけられます。これはきわめて厄介な事態だといわなくてはなりません。

ある人が決心したとします。

「ああ、なるほど、自分の心はイラショナル・ビリーフに支配されている。自分の心に非合理的なバカらしい思い込みがいっぱい詰まっているようだ。これからはイラショナル・ビリーフをラショナル・ビリーフに置き換えることにしよう。自分を不幸にする思い込みにとらわれて生きるのはやめて、もっと前向きでタフな価値観で生きていくことにしよう」

ところが、この決心を保ち、そのとおりに実行していくのは、並たいていの苦労ではないかもしれません。

社会の至るところには、「常識」という名の、かなり大量の迷信（イラショナル・ビリーフ）が行き交っているからです。たとえば、「若者なら友だちとワイワイやるのが好きなはずだ」「若者なら誰でも恋愛したいはずだ」など。しかし実際には、友だちといるよりひとりでいるのが好きな人もいるし、恋愛にまったく興味のない若者だって実はたくさんいる。それはごく当たり前のことです。

したがって、イラショナル・ビリーフをラショナル・ビリーフに置き換えて生きていこうとすれば、時には世の中に逆行して生きていくことにもなります。

これは、これまで世の中に迎合して生きてきた人にはかなり大きな壁に違いありません。

きっぱり断ち切りたいけれど……

さまざまな「常識」は、イラショナル・ビリーフだらけです。

クラスのみんなと仲良くできなくてはいけない。うまく公園デビューできなくてはならない。姑に気に入られる嫁でなくてはならない。これらもすべてイラショナル・ビリーフです。

たくさんの友だちと仲良くやるタイプの人もいれば、何事にもひとりで取り組んでいくタイプの人もいる。たまたま気が合えばママ友だちはできるけど、そうでなければできなくても仕方ない。いつも姑と仲良くやれるわけがない。気の合う人とそうでない人がいるのだから、仲良しもいればそうでない人がいてもいい。ケンカになってでも自己主張したほうがいい場面はある。誰にだって、ひとり静かに過ごしたいときもある。他人に合わせるばかりが能ではない。これらはラショナル・ビリーフです。

ドイツの哲学者マルティン・ハイデッガーは、人には「世界から自己を解釈する傾向」が備わっていると考えました。つまり、人はまず世界や世間のものの見方や感じ方になじみ、そちらのほうから自己を了解するのであり、その結果、世間並みのものの見方で自分というものを理解するだけでなく、世間並みの発想、世間並みの生き方しかできなくなってしまう傾向が強くあります。これがイラショナル・ビリーフの源泉になります。

こうした傾向に拍車をかけるのが、家庭を支配している価値観やものの見方です。特に親の影響は強く、「世間並み」や「世間体」を気にする親の影響を受けた人では、なおさらのこと世間の目にとらわれた生き方しかできなくなってしまいます。

こうして親や教師や、その他さまざまな人によって「常識」を教え込まれてきた人々にとって、自分を支配している〝世間並みのものの見方〟が必ずしも理にかなっていないものだと頭ではわかっていても、その支配から解き放たれるのは困難です。きっぱりと断ち切ったつもりでいても、いつの間にか、かつてなじんだものの見方に吸い寄せられるように戻ってしまいます。

「常識」の持つとらわれの力は、それほど強力なのです。

「失愛恐怖」が、見捨てられる不安を生む

他人に拒否されたくない

ところで、イラショナル・ビリーフの背景には「失愛」の恐怖があります。
愛を失う恐怖、他人から愛されなくなる恐怖、他人に認めてもらえなくなる恐怖、他人に無視される恐怖、仲間はずれになる恐怖。これらの恐怖のために、人は自分を抑え込むのです。

失愛恐怖にとらわれた人は、不特定多数の人に、なにがなんでも愛されたい、認めてもらいたいがために、自分を抑え込んで媚びてしまいます。他人から拒否されるのを恐れて心ががんじがらめに縛られてしまう。あらゆる不安や不満が、すべてそこを原点として広がるなら、失愛恐怖こそイラショナル・ビリーフの源であることがわかります。

失愛恐怖は、恋愛をも妨げます。

失愛恐怖にとらわれている人は、いつも最悪の可能性（たとえば、自分に興味がなくな

り見捨てられるなど）を思い浮かべます。そして、イヤだ、嫌われたくない、見捨てられたくないと不安でいっぱいになって、相手にすがりつきます。

すがりつきモードいっぱいの電波を発信しながら、相手のすべてを支配しようとさえする。すると相手は「そんなにすがらないでくれ。重たいよ」と逃げ出したくなる。するとなおさら「逃げられてなるものか」とすがりついてしまう。

この悪循環が悲惨な結果を招くのです。すがりつきさえしなければ逃げられなかった相手に、逃げられる羽目になります。

失愛恐怖は心の深いところに根付きます。当の本人は、自分の心が失愛恐怖にとらわれていることに気づかないことがほとんどです。

私は見捨てられるのではないか。私は嫌われるのではないか。

客観的に見たら決してそんなことはないはずなのに、たえず失愛恐怖におびえている人は、何かというと相手を疑います。あるいは仲間や社会を疑います。ちょっとしたことでも気になって、しつこく確かめたり追及したりしてしまう。そしてそのことが実際に相手を離れさせてしまうのです。

心が不安定になる原因

では、この「失愛恐怖」がどのようにして根付くかといえば、親、特に母親との関係によるところが大きいようです。

たとえば自我同一性という概念を提唱したことでも知られるアメリカの精神分析学者E・H・エリクソンによれば、それは「母親の愛によって培われるはずの基本的信頼の欠如に始まる」といわれています。

たしかに大枠においてそれは事実だといってよいでしょう。特に乳幼児期に母親の愛を十分に感じとれなかった人の心は失愛恐怖にとらわれ、失愛恐怖が巻き起こすパニックに翻弄されがちだからです。

では「基本的信頼」とは何でしょうか。

乳幼児期に、つねに愛され、求めれば応えてもらえるという体験を重ねた人は、親（養育者）を無条件に信頼します。この親への信頼は「自分のあるがままで受け入れられ愛されるのだ」という自分自身への信頼と表裏一体です。さらにそれは家族への信頼、ひいては社会への確かな信頼感に直結していきます。これがエリクソンのいう基本的信頼です。

この基本的信頼が欠如した不安定な人は、他者に対して極端に依存的になるか、依存できないとなると逆に極端に反発することになりやすいようです。誰かとべったり密着していないと安心できない。そうでなければ逆に極端に孤立してしまいやすいのです。

しかし、乳幼児期の「基本的信頼」が大事だなどといわれると、こういいたくなる方もいるでしょう。では、幼いころに母の愛を受けることのできなかった私は、もうダメなのか、私の人生は手遅れなのか、と。

そんなことはありません。その後の人生で過去のマイナスを補うような愛に満ちた環境の中で過ごすことができれば、多くの人は、徐々に、基本的信頼感を再獲得していくはずです。

すると、周囲の目を意識しすぎて身動きがとれなくなっていた人も少しずつ自由に動けるようになっていきます。私の行なっているカウンセリングも、ある意味ではそうした安全な「心の栄養」を与えるためのものです。

もっとも、すべてを親など周囲の人間に委ねることはできません。自分の人生を変えようとする本人の決意、覚悟も重要です。どんな問題もそうですが、本人が自覚的に自分自身の問題を乗り越える意欲や覚悟を持たないかぎり、解決しないまま一生尾を引くことになりがちです。

自分の人生を責任を持って変えることができるのは、あくまで本人だけなのです。

ましてや「他者の目が気になりすぎて生きづらい」という問題は、現在の日本においては、個人の問題にとどまらない社会的な問題としての側面もあります。こうした問題となればなおさら、個人が自覚的に自分自身を変えようとしないかぎり、改善には向かわないものです。

いい人間関係に必要なのは「ひとり」でいられること

ひとりが平気になったとしたら……

他者の目が気になってならない人、他者に受け入れられなければ生きられないと思いつめている人には、たいてい次のような傾向があるはずです。

ついい自分のことは後回しにし、自分の思いを引っ込めてしまう。どうしても我慢ばかり重ねてしまう。

人から頼まれると、いやだと思ってもいやと言えない。

好きなことでも、周囲のみんなも同じだと確認してからでないと好きと言えない。

内心納得できていなくても、どうしても他の人の意見に引きずられてしまう。

ちゃんと自己主張できない自分に、いつも失望や無力感を感じてしまう。

このような傾向が強い人は「みんなと同じでなければ居心地が悪くなる」と思い込んでいます。

私は『孤独であるためのレッスン』（NHKブックス）の中で、ひとりでいると不安になってしまう人、そのために、たえず誰かと「私たち同じ」と確認し合うことで安心を得ている人のことを、「ひとりじゃいられない症候群＝孤独嫌悪シンドローム」と名づけました。

他者の目が気になってならない人は、この「ひとりじゃいられない症候群＝孤独嫌悪シンドローム」にかかっているのです。

ではここで、自分が「たったひとり」でも平気でいられる強い心の持ち主に生まれ変わったと想像してみて下さい。すると、どんな心の状態になるかイメージしてみて下さい。

いかがでしょう。もうあなたは、自分の思いを引っ込めて我慢ばかりなんてしなくなりました。自分の思いを言って、それで嫌われてひとりになっても平気です。

いやなことなら、ちゃんといやと言えてしまいます。いやだと言って受け入れてもらえなくても、だったらひとりで過ごせばいいと思えるからです。

好きなことなら迷わずに好きと言えます。自分の好みが他のみんなと違っていて「変わり者だ」と言われて仲間はずれにされても、少しも寂しくないからです。

どうしても納得できないことだったら、他の誰ひとりとして同調してくれなくても「納得できない」と言うことができます。もう、周囲の意見に引きずられたりはしません。自分ひとり、みんなと違う道を進むことになっても大丈夫と思えるからです。

ちゃんと自分の心を大切にして、自己主張できるようになったあなたは、たったひとりで道を歩くときにもしっかり胸を張って歩いています。もちろん自分に失望したり無力感を感じることなどありません。誰かと一緒も楽しいけれど、ひとりで歩くのも悪くないと思えています。

ひとりじゃいられない症候群＝孤独嫌悪シンドロームから脱却できた人は、こんな自由な、心地よい毎日を送れるようになるのです。

傷つきたくない、傷つけたくない

ところで他者の目を気にかけ、人から拒否されるのを恐れる心理は、恋愛にも大きな影響を与えます。私のカウンセリングでも、恋愛に関する相談は少なくありませんが、最近の若者たちの恋は、次のように類型化できます。

① 自分が傷つくのを恐れるために、恋愛にハマれない。恋に落ちることができない。恋というにはあまりにも淡く軽いノリの出会いと別れをくり返すタイプ。

② お互いを過剰に拘束し合い、干渉し合う、息苦しいほど密接な関係の中で愛を確認しようとするタイプ。このタイプの恋愛をくり返す若者は、こうした濃密な関係を維持できていないと、失愛恐怖に翻弄されてパニックになります。

ちょうどよい恋愛関係とは①と②の中間に位置しているものといえそうです。相手をとても強く求めていながら、しかし相互過干渉的に過剰に拘束し合うことはない。そんな〝ほどよい距離を保った恋愛〟ができる人は、恋人と二人で過ごす時間を楽しみながらも、ひとりだけで過ごす時間も楽しむことができます。ひとりをむやみに淋しがって、相手を拘束しようとはしないのです。

ところで①のタイプの人の中には、次のようなことを言う人が少なくありません。

「私は恋に限らず、どんなことでもハマれない。趣味、勉強、遊び、どんなことにも〝これじゃなきゃ〟という思い入れが持てないんです」

彼ら彼女らにとって、恋も趣味も勉強も遊びもその場しのぎのものでしかない。といって、彼らがプレイボーイだったり、彼女らが恋を渡り歩く女だったりするわけではありません。決して不真面目なわけではないけれど、何ごとにもハマれない、熱中できないのです。

こうした〝ハマれない恋〟のバリエーションには〝多重恋愛〟があります。同時に複数の異性と〝友達以上恋人未満〟で交際する。このタイプの人は表面的にはふしだらで快楽的に受けとられがちですが、実際にはきわめてまじめで繊細な人がほとんどです。

では、どうして多重恋愛に走るのか。彼ら彼女らがよく口にするのが「傷つくのが怖い。傷つけるのもいやだ」という言葉です。真剣な恋にハマってしまうと、ふられたときの傷つき、ダメージが怖い。また逆に、別れたくなったときに相手を傷つけてしまうのも怖い。そうつぶやきます。

そんな痛々しいまでの傷つきやすさ。見ていてこちらが苦しくなるほどです。傷つくことを恐れるがために、一歩踏み出すことができない。人生の可能性を開けない。傷つくのを恐れるがために何事にも自分のすべてを投入し没頭することができない。傷つきというリスクを回避するがために、他者の目を基準にしてすべての言動を自己規制してしまうのです。

混乱した人間関係を変えるには

こうした、傷つきを恐れるがゆえに、恋にハマれない人の対極に位置するのが、たえず相手と密接な関係を維持していないと不安になる②のタイプです。共依存型の恋愛とも呼ばれます。このタイプのカップルは、相手が自分の不安を埋め尽くしてくれなかったり、無理難題に近い要求をふっかけてそれに応えてくれなかったりすると、暴力的な行動やヒステリックな言動に走りがちです。時にはリストカットなどの自傷行為、または自殺企図の演出にも走ります。

共依存型の恋愛の場合、どちらかが極度の負担や行き詰まりを感じて、時として泥沼化する関係を解消しようとしても、なかなかうまくいきません。相手があまりにだらしないので、何度別れようと思っても、「今度こそやり直す」「もう絶対しないから。信じて」といった言葉を聞くと、「これがこの人の本当の姿なんだ」と思い込み、ズルズルと相手の求めに応じて付き合い続ける結果になってしまうからです。

何度裏切られても、「今度こそこの人は変わるのでは」と思ってしまう。こうして、ダメ男から離れられなくなってしまう心の働きを、プロセス指向心理学では「ハイドリーム」と呼びます。つまり、ダメ男の背後に「この人は、本当はいい人なのでは」という可能性（夢＝ハイドリーム）を見てしまうから、別れに踏み切れないのです。

すぐに解消できる軽いノリの恋愛と濃密な共依存的恋愛。これらは表面的には両極端に見えますが、その背後には共通するカラクリが横たわっています。

ひとりになること、孤独になることをひどく恐れ、その恐れから遠ざかろうとして、目の前にいる人に迎合し、すがってしまう心理です。

自分が傷つくのをひどく恐れるがために、同様に傷つくのを恐れる相手となれ合ってしまう。しかし、こうした関係を続けると、結局、お互いに深いところで傷つけ合ってしまうことになります。

恋愛に限らず、本当に意味ある良好な人間関係は、それぞれの個人が「自分ひとり」を保てなければ成立しません。お互いに個として自立した人間が、お互いに認め合う関係が、成熟した関係だからです。

「自分ひとり」を保てるだけの心の成長がなされていない人は、どんな人とも適切な関係を保つことができません。その場合、人間関係は混乱するか破綻します。あるいは親しみを装いながら心の触れ合わない関係に終始してしまいます。

「わかっているのにやめられない」のは、なぜ？

「意志」が「不安」につぶされる

人の目が気になって仕方がない。がんじがらめで身動きがとれないほど心が縮んでしまう。とてもじゃないけど自分の思うようには生きられない。

孤独を恐れるがために、何度恋しても失敗してしまう。

そんな人の心を支配しているイラショナル・ビリーフは、「すべての人に受け入れられなければ生きていけない」「人並み・世間並み以上でなければ恥ずかしい」「仲間作りが下手で、いつもひとりになりがちな人間はみじめだ」「グループや同僚と仲良くなじめないのは自分が劣っているからだ」などの思い込みでした。

こんなイラショナル・ビリーフに支配されているから苦しいのだとわかったら、次の道は明らかです。そのイラショナル・ビリーフを次のようなラショナル・ビリーフに置き換えてみるのです。

すべての人に受け入れられるなど不可能であり、また必要なことでもない。すべての人に受け入れられなくても十分に生きられる。人並み・世間並みであるよりも、自分並みであるほうが心地よく充実した日々を過ごせる。

大切なのは〝ザ・ベスト〟よりも〝マイ・ベスト〟。

仲間と過ごすのが人間的な営みであるのと同様に、ひとりで過ごすこともきわめて健全な人間的営みである。

苦しさの根源であるイラショナル・ビリーフを、こうしたラショナル・ビリーフに置き換えることができるなら、その瞬間から人生は明るく軽やかになるに違いありません。

しかし、いくら頭ではそのことを理解できていても、心の底からそうすることはできない場合もあります。

他者の目を気にしすぎて生きるのはデメリットばかりだ。きゅうくつな考えをリラックスした考えに置き換えることができれば、もっと過ごしやすくなる。十分わかっているのに、なぜかそうできない。

では、なぜ、わかっているのにできないのでしょう。

それは恐れや不安という感情の力が驚くほど強いからにほかなりません。

わかっているけれど、仲間はずれにされるのは怖い。わかっているけれど、ひとりの時間など怖くて持てない。わかっているけれど、自分の考えや意見を口にして周囲から浮き上がるのは怖い。こうした否定的感情は、頭での理解を台無しにしてしまうほど根強いものです。

わかっているけれど仲間はずれになるのはいやだ、怖い、耐えられない。この心理は、村八分の心理、いじめを蔓延させる心理と同根です。

私はあの人を村八分になどしたくないけど、みんなの意見に同調しなければ自分が村八分にされてしまう。ボクはあいつをいじめるのなんかいやだし、本心では止めたいけれど、もしそんなことをしたら今度はボクもいじめられちゃうかもしれない。

もっと自由に、のびのびと、自分の心の望むように過ごしたいと願いながら、しかしそうできないで悶々とする人々の心を支配しているのは、恐怖や不安という感情なのです。村八分などしたくない、いじめなどしたくない、と思いながら、しかし周囲の空気を跳ね返して自分の心の思うがままに行動できないのは、恐怖や不安のためです。

恐怖や不安は、個人の意志をいともたやすくひねりつぶしてしまうのです。

「ダメ」の呪文は、本当に自分をダメにする

そんなつらい流れをさらに苦しい方向へと押しやってしまうのが自己嫌悪や自責です。

「みんなと同じようにできない自分はダメだ」

「いや、みんなに迎合して自分の思うように行動できない自分はもっとダメだ」

「ダメだとわかっていて、それでも考え方や行動を変えられない自分は、もうどうにも救いようがない」

この、自己嫌悪の果てしなき悪循環。

この自己嫌悪・自責の悪循環をどこかでストップさせることが何よりも大切です。「自分はダメ」と思い続けていると、本当にダメな自分になってしまいます。「ダメ」の呪文が心のエネルギーを枯渇させてしまうのです。

自分に対して「ダメ」という呪文を唱え続けると、本当にダメに、どんどんダメになってしまう。自分へのマイナス評価は、自分を本当のどん底に追い落としてしまう。これは事実です。そしてこの悪循環におちいっている人がいかに多いことか。

自分をマイナスに評価してしまう。自分につい「ダメ」の呪文を唱えてしまう。こうした性癖には、日本特有の文化も影を落としているようです。

謙虚でなければならない。自分を売り込むのは図々しい。自分の実力を誇示するのはみっともない。出る杭は打たれる。

そんな空気が満ちているから、とりあえずはポーズで、謙虚に、控えめに、おとなしく、でしゃばらないで過ごしている。しかし不思議なもので、最初は単なるポーズだったのが、いつの間にか本気になってしまう。自分に対してどんどん否定的になってしまう。

言葉には、ポーズのつもりで口にしているだけでも〝呪文〟としての効果を発揮して現実化してしまう恐ろしさがあるのです。

「いい子でいたい」気持ちが、劣等感を生む

「ダメな子」と言われないための努力

ところで、心のあり方に悪影響を与える呪文の発信者として最も強力な存在は誰かといえば、母親です。自分が自分にダメ呪文を唱えがちな人の少なからずは、母親が発する「あんたはダメね」に類する呪文を浴びせられ続けた人です。特に女の子の場合、母親の唱える呪文の影響はより大きくなるとみてよいでしょう。

子どもの心にある「母親に気に入られたい」願望は、強烈です。思春期あたりから反抗が目立つようになるにしても、やはり心の奥底では母親に気に入られたい。母親に愛してもらいたくて、機嫌を気にしているのが、子どもというものです。

母親に気に入られる努力を重ねて、望まれた道をほぼはずれることなくずっと優等生・いい子で育った女性の姿を想像してください。昨今、このタイプの女性はとても目立ちます。

このタイプの女性、すなわち優等生のまま、母親のいい子であろうと努め続けて大人になった女性は、自分が母親になってからも、母親の目から見て〝優等生の母親〟であろうとします。そうせずにはいられません。

お母さんから「さすがに、おまえは立派な母親をやってるね。やっぱりお母さんの自慢だよ」と喜ばれたいからです。自分の母親から「あんたはダメな親だ」と言われるのがいやで、そんなことを言われると想像するだけでも不安になります。母親に気に入られたくて、母親の目から見た〝いい母親〟であろうとし続けます。

自分の母に気に入られたい思い。これは多くの娘にとってきわめて強いプレッシャーです。子どもの心は、このようにして母親からの圧迫を受け、知らず知らずのうちに根深いところで支配されてしまうのです。

母親の支配を受けているいい子も、時には反発します。無意識のうちに「お母さんのいい子ばかりはやってられない。お母さんに言われるとおりの生き方なんか続けられない」と反発するのです。

すると途端に、母親の目つきは厳しくなります。そしてその目を見ただけで、娘の心の中では、母からの叱責の声が響くのです。

「お母さんの言うとおりにできない子は、ダメな子!!」

そんなとき、娘が、「だったらいいわよ! もうお母さんのいい子なんかやってられない!!」と本心から対決できるなら、未来へ向けて明るい突破口が開けます。しかしそれは大変な覚悟の末でなければできないことです。親にとってのいい子でいたいという気持ちと決別するのは、それほどの大作業だからです。

したがって、多くの子は、「やっぱりお母さんのいい子じゃないと生きられない」と観念してしまうのです。

生きづらさは連鎖する

ところで、このような圧迫によって子どもの心を支配する母親は、実は彼女自身もまた、いい母親としてふるまわなければならないという圧迫に苦しんできた過去を持っています。そしてそのために、世間体を気にし、枠からはみ出さない誰にも自慢できるわが子であってほしいと切望してきたのです。

要するに、このタイプの母親は、自分自身、〝いい母親〟でなくてはならないというプレッシャーを感じて苦しんできた。そして、そのために自分が苦しんできたのとまったく同じ圧迫をわが子の上におおいかぶせてしまうのです。このようにして、世間の目、他者の目が気になって、つらくて苦しくて生きられない心が〝再生産〟され続けることになるのです。

ではどうすれば、この〝生きづらさの連鎖〟〝支配の連鎖〟が断たれるのでしょう。

それは、子どもが〝命がけのアピール〟をしたときです。たとえば、リストカット。他に、万引き、引きこもり、非行、家庭内暴力、自殺企図……こうしたさまざまな行動を通して、子どもたちは母親との〝支配の連鎖〟を断ち切ろうとするのです。文字どおり、体を張って。

かつて、あるテレビ番組の取材で、中学生の女の子たちにインタビューをしたことがあります。私はたずねました。「どういうときに死にたくなりますか」。返ってきた答えはすべて同じ。「お母さんと話したあと」というものでした。中でも最も多かったのが、「食事のときにお母さんと話したあと」という答え。

誰でも食事の時間は、最も心がゆるむとき。構えが取れ、無防備になるときです。

そんなとき、母親の口から「やっぱりあなたはダメね」とか「もっと頑張らなくちゃ」とか「あなたの姿を見てると心配でしょうがない。ちゃんとやってるの」といった否定的な言葉を浴びせられると、その言葉は心にグサリと刺さります。子どもの生命力は萎えてしまうのです。

まじめな子どもは、学校では友だちの目が気になって、自分がどう思われているか、どう見えているかと考えるとつらくて苦しくてならない。家に帰ると母親までも、「ダメだ」「頑張りが足りない」と否定的なメッセージを送ってくる。

そんな八方塞がりの苦しさから、「死んでしまいたい」と思い始めるのです。

いつも誰かと比べてしまうクセ

母親がする〝呪文〟の圧迫は、子どもの劣等感を根付かせる原因でもあります。

多くの母親は、他の子と比べてわが子を評価してしまいます。

そんな母親の下で育った子どもは、どうしても自分と他の誰かとを比べてしまいます。そして、劣等感に振り回されて、結局のところ「自分はやっぱりダメだ」と思いつめて過ごすことになるのです。

大切なのは、母親からの影響を乗り越えて〝自分というもの〟をしっかり持つことです。私には私の生き方がある。自分の価値は自分で評価できる。私は私の価値を知っている。

そんな自己肯定の言葉を自分の中に徐々に徐々に根付かせていき、ネガティブな呪文をポジティブな言葉に置き換えていくことです。

自己受容ができる人。それは自己肯定的な人です。他人は他人、自分は自分と割り切れる人です。したがって他の人の状況や才能をむやみにうらやんだり恨んだりしません。劣等感の反動で傲慢になったり、他の人を蔑《さげす》んだりもしません。自己肯定の人は、他者肯定の人でもあるからです。

劣等感とは、自分より優れた誰かを基準として自分の現在を低く評価してしまう感情です。これにとらわれてしまうと、自分の中に優れた何か、自信を持てる何かを見つけ出すのは困難になります。

自分の頭の良し悪しを天才レベルの人間と見比べて、自分のほうが優れていると考えられる人はなかなかいません。自分の運動能力をオリンピックレベルの人間と見比べて、自分のほうが優れていると考えられる人もなかなかいません。経済力、容姿、ファッションセンス、その他もろもろ、すべてにおいて自分よりも優れていると思える相手は、どうしたって目についてしまいます。

自己肯定的な人は、そんなふうには考えません。自分の今を、他者や過去との比較で評価するのではなく、比べようがない固有の意味があると考えて、それをそのまま肯定します。

劣等感の強い人、自己受容できていない人には、それができません。つねに他者と比較して自分が上か下かと判断している人は、つまりつねに他者の目を気にしている人にほかなりません。上だと思えたときには傲慢にもなり、自信過剰で自慢したがりの気分にもなるでしょう。しかしその直後には、自分はあらゆる面で劣っている、すべてにおいて下だという思いにとらわれ、萎縮し自己卑下し、死にたいほどの気分になってしまうかもしれません。

幼児期から兄弟姉妹や従兄弟や近所の同年齢の子と比べられ、学校では順位をつけられ、受験では他者と見比べられる競争でふるい落とされる。そんな経験ばかりを重ねて育ってくれば、劣等感のとりこになってしまうのも不思議ではありません。

現実を超えた「自己イメージ」

私の大学のある男子学生は、どういうときに他者の目が気になるか、劣等感にさいなまれるかとたずねたとき、こう語ってくれました。

「ボクはみんなにかなり気を遣い、ずいぶん配慮しているつもりです。にもかかわらず、相手がボクと同じように気遣いしてくれないとき、相手はボクを必要としていないんじゃないか、ボクを軽く見ているのではないかと考えてしまいます。

それと、小さな話かもしれませんが、ボクは帽子を斜めにかぶったりサングラスをかけたりというファッションもやってみたいのだけど、そういう目立つことはできないと思ってしまうんです。目立ってはならない、自分の個性を出しちゃいけない。これは何事につけても自分の思うようにできないということだし、他者の目を基準にしているからです。

そんなことすべて頭ではわかっている。でも思い切って踏み出すことができない。そういう自分に劣等感を感じて悶々としてしまう自分もいるんです」

彼のような状態の若者は、決して少なくありません。他者の目を過剰に意識してしまうからです。

そんな彼ら彼女らの話を聴き続けて思うのは、「人間は自己イメージの生き物だ」ということです。他人の目に自分がどのように映っているのか、そのイメージを気にかけずにはいられない生き物だということです。他者の目に自分がどう映っているかが気になる。そしてそれが、自分が自分に抱いているイメージ、すなわち自己イメージと合致しないことに不安を覚えるのです。

自己イメージが現実の自分を受け入れた上で描かれたものならば、他者の目にとらわれたり、劣等感にさいなまれたりしないで生きられるでしょう。「自分自身のあるがまま」を受け入れて生きることができれば、生きるのはとても楽になります。

ある中学生の女の子には虚言癖があります。「先輩から恋を告白された」とか「海外へゼイタクな旅行に行った」とか、さまざまな作り話をあちこちで吹聴してしまいます。ウソつきである、といえばそれまでのこと。しかし彼女の作り話は、彼女自身こうありたい、こうあれれば、と望んでいる自己の物語でもあるのです。

現実のあるがままの自分を受け入れきれず、現実以上の自分の姿を吹聴してしまう。それもまた他者の目に映る自分を意識しすぎた結果であり、激しい劣等感の表れです。

自分に虚言癖があることに気づかない子どももいます。彼ら彼女らは、他者の目に映る自分の姿を気にかけるあまり、自分でも気づかないうちにそうした習癖を身につけるようになってしまったのです。

自分は自分で変えられる

ゆったりと待つ親、待てない親

これまで、たえず他者の目を気にし、無用な劣等感にとらわれてしまう心理について考えてきました。しかし、世の中には、他人の目は気にせず、のびのびと生きている人もいます。

そんな彼らは、いったいどんな育てられ方をしてきたのでしょうか。子どもに、人の目ばかり気にせず、のびのびと育ってもらうために、親はどのようにかかわっていけばいいのでしょうか。

最も大切なのは、その子の育ちをゆっくりと待つことです。世間体ばかりを気にせず、その子がその子のペースで育っていくのを見守ることです。「こうしようね」「これがいいよね」と親の好みや価値観を押し付けるのではなく、「どうしたいのかな。何を選びたいのかな」とその子自身の選択を尊重すること。

親の立場に立ってみれば、子どものペースを見守りながら待つ、子どもの思いを先取りせずに寄り添うというのは、決して楽なことではありません。大変な忍耐が必要であり、気ぜわしくゆとりのない心持ちで雑事や仕事に追われていたら、なかなかできないことです。

私の知人は、近所のパン屋さんで時々出会うあるフランス人の親子の姿に感銘を受けました。そのフランス人の親は、子どもが自分のパンを選ぶまでのかなり長い時間を、ゆったりと微笑みながら、余計なことなど一切言わずに待っているというのです。

日本人が、フランス人が、といった比較の問題ではないはずですが、日本でしばしば目にするのは、待てないで干渉する親の姿です。

「どれにする？　これにする？　あっちがいい？　こっち？　早くしなさい！」

そんなせかせかした雰囲気の中で、子どもは自分の望みを表現することなどできるはずがありません。親の評価、親による叱責を避けるために自我を押し殺さざるをえなくなります。自分が本当に気に入った行動や物を選ぶよりも、親に嫌われないように行動をし、物を選ぶクセがついてしまうのです。

自分らしく生きることができない、自分に自信が持てないのは、自分の目ではなく親の目に映る自分を気にして育てられてきた結果ということができます。

親にどう言われるか、親にどう評価されるか、親に叱られるのではないか。そんなふうにビクビクしながら育った人は、どうしても自分の本心に従った行動や選択ができなくなってしまうのです。

「現実を受けとめる力」を身につける

自分の選択を尊重された子どもは、どんな具合に育つでしょう。

何かを選ぶときに、自分の思いのままに選んでいいのだと考える人に育つでしょう。親の目、世間の目を気にしたり圧迫と感じたりすることなく育つでしょう。自分を信頼し、自分なりのあり方を大事にしながら生きていけるようになるでしょう。

そのように育った人はまた、他人の言動を、それはその人の感じ方であり、その人の考え方と受けとめることができます。その人がそう思うのであって、世界の人々すべてがそう思っているのではない。そんなふうに、個性の違い、多様性を尊重することができますから、他人の意見や評価を無用に恐れたりはしません。

たとえば自分が批判されたとしても、その批判を受け入れることができる。自分にはたしかにそういう一面がある、と思えるかもしれません。あの人には自分はそう見えるのだな、と受け入れるかもしれません。いずれにしても、どんな批判を受けたとしても、自分を全否定するような受けとめ方はしません。批判されればもちろん、楽しい気持ちはしないでしょう。しかし、それで自分を強く否定したり、傷つけたり、といったことはないのです。

なぜなら、自分を自分で肯定できているからです。できないこと、至らない点も多々あるけれど、でも自分は価値がある存在だと思うことができるからです。

そんな、ナチュラルな自己肯定の人の多くは、深く受容され、肯定され、無用な圧迫を受けずに育つことができた人です。

「あなたは、誰がなんと言おうと、すばらしい子だよ。私の誇らしい子だよ」

親から、そんなメッセージを与えられながら受容されて育った人なら、たとえ周囲の人から批判されても、ボロボロに傷ついてしまうことは少ないでしょう。

では、親にそのように受容してもらえなかった人はどうなるのでしょう。私は親から愛されなかった。どうしても他人の目が気になって、劣等感を抱いてしまうのは、そのためだ。そう思えてしまう人はどうしたらいいのでしょうか。もう手遅れなのでしょうか。

そんなことはない、と私は思います。

たしかに私の親のあり方には問題があったけれど、もう親をとやかく言っていても仕方がない。自分の力で乗り越えてゆくほか、道はない。そう覚悟を決めて踏み出せば、自分で自分のことを変えていくことができるのです。

そんなことが可能かどうかと問われれば、間違いなく可能である、と明言できます。

あんな親に育てられた自分はしょせんダメ人間でしかないと思い、すっかりあきらめてしまったら、生きる気力そのものが失せてしまいます。

少なくともあなたは、この本を手にしてくれました。そして今、読んでくれています。それはあなたが、自分の力で自分の人生を切り拓きたい、自分を変えたいと願っているからです。

この本を手にしようと思ったときの「気持ち」。その気持ちが、たとえどんな親に育てられたとしても、自分の人生を自分で生きていきたいという意思の表れなのです。

3章

「他者中心の生き方」から「自分中心の生き方」へ

❖人生の主人公は、 あなた自身

今の苦しみを、心のパワーに変える

「なぜ、みんな生きていられるのだろう?」

どうしても他人の目が気になってしまう。そして、こんな自分、ダメなのではないかと劣等感に苦しんでしまう。

そんな人は、ある意味では、次のような人生の事実を受け入れることができない人だということもできます。

他の人は何を言おうと、あなたの人生の責任をとってくれることはない。

人は、あなたが思うほど他人のことに関心がない。

あなたが人を嫌うことがあるように、人もあなたを嫌うこともある。だから、人に嫌われたからといって、自信を失う必要はない。

この、人生の基本的な事実をしっかり受け入れ、腹の据わった生き方ができるならば、生きるのが途端に楽になること請け合いです。私自身、このことを身をもって経験して生きてきました。

思春期のころ――十代前半から半ばにかけて――、私は周囲の友人と同じように、否、それ以上に強く、他の人にどう見られているか、意識しながら生きてきました。他者の目に自分がどう映るのかをつねに意識し、自分を演出して生きる習慣を持っていたのです。そのことは、少年時代の私の心を圧迫し、強い苦しみを与えていました。

小学校一、二年生（七〜八歳）のころ、ぼんやりと、「よくみんな生きていられるなあ」と思ったのを憶えています。生きるのはこんなにもつらいのに、と。

五年生くらいになり、日本人の自殺率を知ったときも、どうしてこんなに低いのだろうと不思議に思いました。

人生はこんなにも苦しいものなのに、なぜみんな死なずにすむのだろう。自分が感じているこの日々の苦しさに照らしてみれば、日本人の三人に一人、否、半分が自殺しても不思議ではないのに、みんなよく頑張るよなあ、というのが実感でした。

当時、私はせいぜい十歳ほどです。この先、人生が五十年も六十年も続いていくなど、とてもじゃないけど耐えられない。年寄りになるまで生き続けていられる人間がいるのが不思議でならない。私は小学生のころ、そんな気持ちでいたのでした。

自意識の高さが苦しみのもと

なぜ、子どものころの私はこんなに苦しかったのか。子どものころから、私はかなり、自意識の高い子どもでした。

その自意識の高さゆえに、子どものころの私は、つねに他者の視線が気になり、神経質で、いつもビクビクしていたのを憶えています。多くの人にとって、この自意識の高さ、プライドの高さこそ生きにくさの原因なのです。

自意識が高くプライドが高い人間は、「俺はこのままではダメなんだ」とつねに思っています。そして、他者の目に映る自分を気にかけながら、「本当の自分はもっと違うんだ」と思っています。自意識やプライドには向上心につながる面がある一方で、心をギシギシとさいなむ面もあるのです。

不登校の子どもの様子を見ていてもわかります。特に不登校の男の子は、きわめてプライドが高い子が多い。学校で、高いプライドに見合った自己イメージのようにふるまえない、そのように評価されていると感じられないことが、彼を学校から遠ざけます。また、しばらく学校へ行けない日々が続くと「こんな自分が久しぶりに学校へ行ったらどんな目で見られるか、どう思われるか」が不安でならず、登校に踏み切る意欲がどんどんなくなってしまうのです。

自意識の低い子、プライドの低い子には、このようにして、他人の目に映っているであろう自分の姿を気にかけ苦しむ、ということはあまりありません。

それでは、自意識やプライドが低ければいいかというと、そうでもありません。自意識が低く、プライドも低いと、自分の人生はどうせたいしたものじゃないと開き直れるから、たしかに生きる苦しみは軽減されるでしょう。しかし人間、自意識があるからこそ成長しようとする、向上心を持つわけで、同時に大切なものを失いかねません。

つまり、人間はよりよく生きようとするからこそ苦しい。そして、その苦しさを〝自分を変える力〟にできたとき、人生は本当に自分のものとして開け始めるといってもいいでしょう。

かくいう私は、四十歳。多少、お腹が出ていても、気にならない年齢になってきました。しかし、青年期はそうはいきません。自意識の高さゆえに他者の目をどうしても気にしてしまいます。自意識にとらわれがちな青年期は、人生で最も苦しい時期になりがちなのです。

「巨大な悩み」がもたらしたもの――私の体験

自分を変えるチャンス

小学校低学年のころの私は、自意識が強く、他人の視線を気にかけ、病気がちな子どもでした。特にいやだったのは、書き取りの宿題。字をきれいに書くのが苦手だった私は、宿題の書き取りのノートを提出したくなかった。自分の字を他人の目にさらすことがいやだったのです。それが苦痛で、学校に行けなくなったことがあるのを憶えています。

そんな私の転機になったのは、自分の自意識の高さという〝資質〟を逆手にとって、ギャグをつくり、友だちを笑わせるのが得意になったときでした。

小学校二年生のときに、他人の視線を気にし、過度に緊張していた私は、教室の中で一言も言葉を発することができない状態におちいりました。心理学で場面緘《かん》黙と呼ばれる状態です。特に原因もないのに、対人緊張から、教室に入ると一言も発しないだけでなく、まったく身動きがとれなくなるのです。

そんな私でしたが、担任の先生と何とかコミュニケーションをとりたいと思っていたのでしょう。自分の考えていることを、ギャグで表現して、担任の先生にメモを渡していたりしたのです。

それを通して、私が本来ひょうきんな性格であることを知った担任の先生は、国語の授業で、セリフの入っていない四コマ漫画のセリフを考えるというテーマのときに、迷わず私を指名してくれました。考えに考え抜いた私のギャグは、クラスのみんなに大受け。これがきっかけで、私は緘黙から立ち直りました。人前でも話せるようになったのです。

もう一つ幸運だったのは、私が小学校四年生のとき転校したこと。転校は、自分のキャラクターを変える絶好のチャンスになりました。調子に乗った私はギャグを連発。それが受けてクラスの人気者になりました。

また、長髪だった私は、サングラスをかけ、当時人気があったフィンガー5の中心メンバー、アキラ君の物真似をして、さらに人気者になりました。

バレンタインデーのチョコレートも、クラスで私が一番もらったのではないでしょうか。

こうして、それまで他者の目を気にしてつらい思いをしていた私は、それまで自分の中で鬱屈していたエネルギーを放出することができたわけです。

他人の目など気にしていられない

もう一つ、私が他者の目を気にせずに生きることができるようになったきっかけとして、中学三年生のときに、人生を変える大きな問題に直面したことがあります。

このことについては、『どんな時も、人生に〝YES〟と言う』（大和出版）をはじめ、これまでの私の本でくり返し述べてきましたので、ここではくり返しませんが、一言で言うと、「生きる意味」の問題です。この問題に私は、その後十年近くにわたって悩み続け、高校のとき、大学のときと、二度自殺未遂もしています。

私はこの、「生きる意味」の問題という巨大な悩み——その答えが出ないともう生きているこ とすらできないという切羽詰まった悩み——に直面することで、他人の目などかまっていられなくなったのです。

他人からどう思われるか。これは、本来、生死にかかわる重大な悩みではありません。多くの人は、このことを頭ではわかっている。しかし、にもかかわらず、ついつい気になってしまうというのが現実でしょう。けれど、このとき私は、「人生の意味」という、まさに生死にかかわる重大な問題に直面することで、それまでとらわれていた一切の悩みから解放されたのです。

他人からどう思われるかを気にするような心の状態では、とてもこの問題への答えを得ることなどできない。自分の一切をかけて「生きる意味」の問題に取り組むためには、他人からどう思われようと気にしない、強い心の状態をつくり出さなければならない。そう決意した私は、自分の中で次のようにくり返し唱え続けました。

「他人にどう思われようと平気だ。他の人からどう思われても、見捨てられても、かまわない。俺には、何にもまして、しなくてはいけないことがある」

学校にいても、道を歩いていても、一人一人の目を見ながら、私は自分に言い聞かせました。「どう思われようとかまわない!!」と。

一日に何十回、何百回と、私は自分に向かって叫び続けたのです。「どう思われたって、かまわない!!」と。

そしてそれ以来、私は他人から望まれる自分を演じるのをやめて、自分の道を、自分の使命を果たす道を歩み始めたのです。まるで、運命に導かれるようにして。中学三年の夏のことでした。

こんなお話をすると、私にはとても真似できない、あなたは特別強かったのだと、そう思われる方もおられることでしょう。私は強かったのでしょうか。強靭《じん》な精神の持ち主だから、こんなことができたのでしょうか。

あるいは強靱だったのかもしれません。少なくとも人並みの精神力には恵まれていたのでしょう。

しかしそれ以上に、ここで指摘しておきたいのは、人間は、どうしても向かい合わなければならない難問に直面したとき、それまでの限界を超えた強さやエネルギーを発揮するようになる、ということ。そして、そのとき、これまでとらわれていた一切の悩みから解放される、ということです。

デンマークの哲学者キルケゴールも言っています。

「本来的な苦悩にとらえられると、非本来的な苦悩は消え去る」

私の場合、他者の目が気になるという悩み・苦しみが、「なぜ・いかに生きるか」というより本来的な苦悩に直面することで相対化され、消え去っていったのです。

恥は、買ってでもかけ

プロレスが私を変えた

私の研究室のある男子学生は、自分の「他人の目が気になる」体験について、こう言います。

「ボクの場合、他人の目が気になるようになったのは高校二年くらいからでした。ボクの場合、その苦悩のレベルが軽いといったらおかしいかもしれませんが、もちろん本気で死にたいというほどに追いつめられたこともなくて、なんとなく日常を重苦しくし続けているという程度でした。

そのせいなのか、二十歳を過ぎた今になっても解決していません。いつになったら乗り越えられるのか、まったく見通しも立たない状態です」

彼のような状態は、青年期にありがちな、きわめて一般的な状態といってよいでしょう。中学生くらいから他者の目が気になり始め、高校生くらいで非常に気になり、大学生になってもまだ引きずっている。そんな若者は、決して少なくありません。

そんな若者に私が言いたいのは、「恥は、買ってでもかけ!!」。あえて恥をかくことで、人は、他人の視線に耐えうる自分をつくることができるのです。何か荒療治のようですが、たまには強引にでも自分を変えようとする強い意志が必要なこともあります。

私の場合、「恥をかく」手段はプロレスでした。

子どものときからプロレスが大好きで——特にアントニオ猪木さんが大好きで——、大学時代にはプロレス研究会を作ってプロレスをすることに熱中していました。

リング上でたくさんの人の前で裸になって、プロレスをする。これはなかなか勇気のいることです。リング上でアントニオ猪木になりきる。そして、時に場外乱闘などして観客を沸かせる。最初は、観客の視線が気になって恥ずかしくても、次第に客を沸かせる喜びに変わっていきます。

私が、他者の目を気にしなくなった最大のきっかけはあれだったと思います。あえて恥をかくことで、他人の目が気にならなくなり、人を喜ばせる喜びを覚えたのです。

プロレスなんてとてもできない、という方もいるでしょう。しかし、人の視線が気になる、人前に立つのは苦手という人には、時にはあえて人前に立つ経験をすることをおすすめしたいと思います。大勢の人の前に立ち、その人たちを喜ばせる体験をすることで、人から見られる苦しさ、恥ずかしさが、人を喜ばせる喜びに変わっていくのです。

「笑われる自分」を演じてみる

本書でこれからも紹介するように、心理学的アプローチによって「人の目が気になる自分」を「人の目が気にならない自分」に変えていく。一般には、それが無難で効果的な方法なのでしょう。

それに比べると、ここで紹介した「恥をかく」というやり方は、乱暴な方法であることは確かです。しかし、時には、乱暴でもいいから思い切って自分の殻を打破してみることも必要です。するとその瞬間に、これまでとはまったく違う視野が開けてくるということが、たしかにあるのです。

子ども時代の私は、すでに述べたように、きわめて緊張の高い子で、場面緘黙の時期もあったくらいです。教室にいるとまったく言葉を発することができない。コチコチに緊張してしまい、少しでも話さなければと思えば思うほどに心身が硬直してしまう。こんな、クラスにたまにいる感じの子どもでした。

しかし、現在の私は、大勢の学生たちを前に冗談混じりの講義もするし、講演会などでも冗談ばかり言って笑わせています。なぜそんな変化を遂げられたかといえば、むろん心理学の効き目もあるでしょうが、やはり、あの学生時代のプロレスの体験が大きかったように思います。

もっとも、プロレス研究会時代に身についてしまった悪いクセで、講演などでも、ついつい笑いに走りすぎてしまうところもあります。この点について、私は時々ひそかに反省しつつも、これは一生ものの悪癖だろうと観念しています。

いずれにせよ、あえて恥をかくこと、大勢の人の視線の前に自分を投げ出してみることが、状況を一変させる可能性はたしかにあります。

恥ずかしい。とてもできそうもない。こんなことしたらもう友だちの顔など見られない。それほどの不安や恐怖を覚えるほどに恥ずかしい何かに、身を投げ出すようにして挑戦してみる。笑われてみる。笑ってもらえる自分を演じてみる。それが、「人の視線を気にせず生きる自分」になるための近道になりうることは、確かです。

だから私は言うのです。

「恥は買ってでもかけ」と。

自分の殻を破る、ちょっとしたきっかけ

「誰」が自分を見ているか

論理療法という心理療法の創始者であるアメリカの臨床心理学者アルバート・エリスは、他人の目が極端に気になって、対人恐怖状態におちいったある青年に関して、次のようなアプローチをしています。

みんな、ジロジロとボクのことを見るんです。電車に乗ったとき、隣の席には誰も座らなかった。ボクみたいな醜い男の隣には、誰だって座りたくないのだ。いつでもみんなが、ボクのことをジロジロ見ている。

エリスさんは、そんなふうに訴える青年の話に静かに耳を傾け続けた後に提案しました。

「なるほど、みんながあなたのことをジロジロ見ているんですね。そうですか。

では、試してみることにしましょう。みんながどれほどあなたの姿に注目しているか、実際に検証してみることにしませんか。

ここに真っ黄色の靴下と真っ赤な靴下とが片足ずつあります。これを片足ずつに履いて、このニューヨークの町を三〇分間散歩してきてみてください」

エリスさんの提案を聞いて青年はあわてました。

「ええっ！　そんな恥ずかしいことできません。それこそあらゆる人から笑われてしまいます」

エリスさんは、こう続けました。

「いえ、ぜひトライしてみてください。そして、君が町を歩く三〇分間に、何人の人が君の靴下の色の違いに気づいたか、君の姿を見て笑うかを、データとして記録してきてみてください」

青年は、エリスさんの提案を受け入れて実行してみることにしました。すると、青年自身にとっては意外なことに、彼の靴下に気づき、彼の姿を笑った人は一人もいなかったのです。

この体験を経て、青年は気づきました。

「自分が思うほど、人は他人を見ていない」と。

「いつもみんながジロジロとボクのことを見ている」と思い込んでいるあなた。

よければ、試してみませんか？

思い込みが招く「五感の歪み」

エリスが報告したのと似たケースは、私の周辺でもあります。

ある学生が、ずっと大学に来られないでいました。本人はなんとかして大学に行けるようになりたいと思い続けていたのですが「今さら……」という思いが行く手をはばむというのです。

「もう今さら大学には戻れません。

一回だけ、思い切って大学までいき、教室に入ったことがありました。するとボクが教室に入った途端に、みんながいっせいにボクを見るんです。ほとんど大学に来ないボクが突然来たので、めずらしくてジロジロ見るんでしょう。あんないやな思いはもう味わいたくありません」

私は、ではせめてあと一回だけでいいから、教室に来て、次のことを検証してみるようにと伝えました。

「君は、本当に教室で君をまじまじと見つめる顔を見たのかな。ただ〝そんな気がした〟

だけではないだろうか。

教室にいた人のうち何人が君に視線を向けたのだろうか。ぜひともデータを取ってみてほしい。実際に何人が、君に視線を向けるのかを、チェックしてみてごらん」

彼は勇気を奮い起こして、私の申し出のとおりに実行し、報告してくれました。

「よく見てみたら、教室に入ったボクに目を向けたのは、仲のいい友だちのX君だけでした。みんな案外、ボクのことなど注目していなかったんですね」

にもかかわらず、なぜ教室のみんなが自分を見つめたように感じたのか。それは「必ずみんながボクを見るに違いない。長く休んだくせに今さらノコノコやってきて、どういうつもりだろうと思うに違いない」といった思い込み、イラショナル・ビリーフが、彼の心を支配していたからです。

視覚を含めて、私たちの五感は驚くほどあいまいな部分を持っています。感覚は、思い込みによっていくらでも歪められてしまう場合があるのです。ありもしなかったことを、たしかにあったと思い込んでしまう。それは不安や恐怖にとらえられている人の心にしばしば起こりがちなことです。

「好きなことをしていいんだ！」

私の共同研究者でもある高校教師の女性は、以下のような体験談を語っていました。

「私は、あまり他人の目は気にならないほうだと思いますが、それでも思春期くらいから、他人の目が気になることがありました。特に教師になって生徒の前に立つようになってから、しばらく悩んだ時期もありました。

高校生のころ、先生から〝おまえは恥ずかしがり屋だな〟と言われたことがありました。人前に立つと急に早口になる。それは恥ずかしがり屋だからだ、というわけです。教師として生徒の前に立つようになった私は、高校時代に指摘されたとおりだと思い知らされていたんです。

ちょうどそのころ、私はかなり遊ぶようになって、ディスコ狂い・カラオケ狂いになっていました。ディスコではワイワイ言いながらとてもヘンテコな格好で踊っていました。格好よく踊ることができないから、ひどい自己流で好きなように踊っていたんです。

そのとき気づいたんです。こんなにヘンテコな踊りなのに誰も何も言わない。気にしていないんだ、と。

カラオケでも、私が一生懸命歌っていたとしても、同僚のみんなはお酒を飲んで話をしているだけ。歌い終われば拍手はしてくれるけど、誰も聴いているわけではない。な～んだあ、と思いました。

あのときから、あ、いいんだ、別に誰に何を思われるなんて気にしないで好きなことしていればいいんだ、と思うようになりました。それと同時に、生徒の前に立ってもゆったりと構えられるようになったのだと思います」

ディスコやクラブに行ってわざとヘンテコな踊りを踊ってみる。カラオケで苦手な歌を大声で歌ってみる。これも立派な自己改造法です。一度、試してみてはいかがでしょう。

やはり私の共同研究者である小学校教師の男性も、こんなことを語ってくれました。

「同僚の一人の話です。彼は、職員会議などで何か発言しなければならない場面で〝みんながクスクス笑う。仕事ができないヤツだと思って私の姿を笑う〟と感じていたんです。それでも毎月必ず一回は発言しなければならない。そのときが近づくとどうしても頻尿になってしまう。会議中もトイレ通いで座っていられなくなってしまう。そういう苦痛を訴えていました。

そんな彼が思いついた解決策は、自分が最も尊敬する、最も格好いいと思い憧れている先生に〝なりきる〟ことでした。

彼に言わせると〝人間は、普段は自分の顔や姿が見えないのが好都合だ〟というんです。鏡にでも写さなければ自分の姿は見えない。だから他の憧れの誰かになりきることができるというんですね。

彼は憧れの先生の口調や身振り手振りを、徹底して真似したそうです。すると職員会議で、思いがけずうまくいって、自信を持って発言することができた。大丈夫だと思えた。それからも同じように憧れの存在になりきる方法を試みているうちに、半年くらいしたころにはすっかり大丈夫になったそうです」

大学生時代、私はアントニオ猪木になりきっていたから、リングの上で何をやっても恥ずかしくなかったのです。何せ、そうしているのは〝自分ではない〟のですから、何をやっても恥ずかしくありません。

何かに〝なりきる〟ことは、かなり大きな自己改造の効果を持っています。ポイントはただ一つ。その人に〝のりうつられた〟くらいの気持ちで、本気で、その人に〝なりきれる〟かどうかです。中途半端に真似するだけでは、何の効果もありません。

人生の主人公は、自分自身

内面の変化が、自分を救う

他者の目が気になってとてもつらい時期を過ごしたことのある、ある社会人の男性がいます。彼は、当時のことをたずねた私に、次のように答えてくれました。

自分の苦しさに気づいたのはいつごろですか？

「大学二年のときです。それ以前から自分の傾向には気づいていましたが、悩むほどではありませんでした。大学生になって急に自分自身を表現しなければならない場面が増えて、すごくつらくなったのです」

つらいとは、どのようにつらかったのですか？

「誰かがいると緊張してしまい、普通の会話もできませんでした。家族に対しても緊張を感じました。

緊張からいつも失敗ばかりして、誰かと同じ空間にいるだけで恐怖を感じるようになりました。人の目が自分を見つめているように感じると、その瞬間に緊張してしまいました」

そのつらさはどのくらいのあいだ続きましたか?

「七~八年は続きました。今も完全に気にならなくなったわけではありません」

そんなに長い間つらかったのに、治そうとは思わなかったのですか?

「どう治せばいいかわかりませんでした。家族はいろいろアドバイスしてくれたりしましたが、そのとおり試みても少しも楽になりませんでした。本を読んだり、自己啓発セミナーに行ったり、もちろん精神科も受診しました。精神科医は、緊張しなければいいだけだとはねつけて、薬を手渡しただけでした。

心理カウンセリングも受けましたが、役に立ちませんでした」

今になってみて、あなたを苦しめた心理的苦痛の原因は何だったのだと思いますか。

「やはり家庭環境の影響が最大の原因だったと思います」

原因と考えられた家庭環境が改善されたから治ったのですか?

「いいえ、家庭環境は相変わらずそのままですが、自分自身が内面的に変化できたおかげだと自負しています」

つらさの中でもいちばん思い出される具体的な場面は？

「コンパなどにも、思い切って参加するのですがみんなの輪に入れませんでした。どうしてもいつも孤立してしまったり、誰も誘ってくれなくなったり。

今思い出しても胸が苦しくなります」

彼の言葉の中で、最も大切なのは「原因は家庭環境にあった。しかし治ったのは自身の内面的変化だ」と語っている点ではないでしょうか。自分の生きづらさを作った原因は家庭環境にあるけれど、自分の内面が変わることで、家庭から受けた悪影響を乗り越えることができたということが大事なのです。

どんな時代であったとしても……

私たちは、何かに追いつめられたり、逆に、すべてをかけたくなるほど熱中できる何かに出会えたりすると、そのパワーによってこれまでの限界を乗り越える。これは事実です。

しかし、こんなことを言う女性もいました。彼女は才色兼備。ルックスもよく、スタイルも抜群。頭も性格もよくて、天に二物も三物も与えられたような感じの人です。

「私の悩みは、何にもハマれないことです。何事にも熱中できません。恋人もいるけど、彼のことを本当に好きなのかどうかわからない。いろいろ楽しいことをやっているけど、本当に楽しいのかどうかもわからない。

恋人ができて、彼のため、彼女のためならなりふりかまわずに一生懸命になれる。好きなことがあって、そのことのためならあらゆることを犠牲にしてでも熱中できる。そういう人がうらやましいです。私には、そんなに熱中できるものは一つもありません」

こうした話にうなずける若者はとても多いはずです。私がこの話をしたときに、ある五十代の男性は次のような感想を語りました。

「何事にも熱中できないという、その背景には、時代のゆとりということが大きく作用しているのではないか。ゆとりがあるからどうしてもなりふりかまってしまう時代なのだといえないだろうか。

私たちは、貧しさから這い上がることに熱中してきたいわゆる団塊の世代です。この世代の人は、あれをやりたい、こうなりたい、あれがほしい、あそこに行きたい、など、きわめてシンプルな欲望に従って生きていくことができた。そのおかげでさまざまな弊害も生じたけれど、怒濤のように生き続けてくることはできた」

この意見も事実の一面に違いありません。人間は、それこそ生きるか死ぬかの局面に追いつめられていれば、他者の目を気にすることなどできません。時代にゆとりがあるがためにかえって他者の目が気になる苦痛も広がってしまう。それも事実だし、しかし、だからといって、そのような苦痛と裏腹のゆとりなどないほうがいいということにはなりません。ゆとりこそ、人間らしい文化を爛熟させていくに欠くことのできない条件にほかならないからです。

私たちは、自分の悩みを環境や時代のせいにしてはいけません。

貧しい時代には貧しい時代に固有の、豊かな時代には豊かな時代に固有の悩みというものが、やはりあるからです。つまりは、どんな社会状況でも、どんな時代においても、やはり悩みというものがある。それを他人や時代のせいにせず、自分自身で引き受けることのできる人だけが、自分を変えることができるのです。

逃げても苦しみはなくならない

他人の目が気になってつらい人生とは、他人に振り回されている人生です。他人が中心の人生です。そんな苦しい日々に終止符を打ちたいのなら、次のように決意するしかありません。

自分の人生の主人公は自分である。

俺には俺の生き方がある。私は私自身の人生を生きるんだ。

周囲から誤解されたり、理解されないときがあっても仕方がない。

なぜなら、他人は私の人生にわずかな責任さえもとってはくれないのだから。

私は、私の人生を私自身として引き受けることで、私の人生に責任をとる。


そう念じ続けて生きること、他人に振り回されながらもその決意を自分の中であきらめずにくり返すこと。そのとおりには思えない場面、時期、葛藤があったとしても、そう念じ続けること。それなくして解決の道は見いだせないはずです。

私の人生の主人公は私自身である。この決意なくして、決して人は変わることができないのです。

人間の悩みや苦しみには二通りある、といってよいでしょう。

一つは、引き受けるべきことを引き受けるがゆえの悩みや苦しみです。

いま一つは、引き受けるべきことから逃げるがゆえの悩みや苦しみです。

他人の目が気になる悩み・苦しみ。その中で人は、かすかに気づいているものです。本当は自分を人生の主人公にして生きていきたい、けれど今はそうしようとしていない。自分自身と向き合うことを避けて逃げ回っている。その結果、それだけ他人の目を気にすることになる。

安易に癒しを求めてしまう風潮があります。しかし、癒しばかり求めて、向かい合うべきこととしっかり向かい合わなかったら、人生は開けるはずがありません。

生きづらさに苦しむ人が、自身で問題を引き受けず、それから逃げ回ってばかりいて、その場しのぎの癒しで気を紛らわせているとしたら、癒しはかえって本当の解決を遠ざけることになってしまいかねません。癒されては苦しみが戻り、苦しんでは癒しを求める。そのようにして癒しのハシゴをしながら過ごしていては埒《らち》があきません。

自分を「世界の中心」として生きる

人生には二種類しかない

癒しのハシゴはもういやだ。人を恐れて尻込みし続けているのはもっといやだ。そう思い定めた人は、どんな道を選んだらいいのでしょうか。

これまでの人生で、学校や就職先の選択をはじめとして、あらゆる場面で、親や周囲から「これにしなさい。これがいいに決まっている」と言われ、そのままを受け入れて過ごしてきた人にとって、自分で自分の人生を引き受けるというのは、並大抵のことではありません。

引き受けられるようになるまでに乗り越えなくてはならないハードルは、かなり高いと感じられているはずです。あるいは、乗り越えるべき高い壁を目の前にして、尻込みしたり言い訳したりしてしまうかもしれません。

そんな方々はどうか信じてください。乗り越えてみれば、一気に人生が変わります。すっきり、驚くほど爽やかになります。軽やかになります。「人生は、こんなにも変わるものか」と驚くほど、劇的な変化というものがあるのです。

高い壁を越える苦しみ。これは「幸福な苦しみ」です。一方、どうせ越えられやしないと後ろ向きになったときに襲う苦しみ。それは「不幸な苦しみ」であり「不必要な苦しみ」です。決意と覚悟のゆえに訪れる試練は、間違いなく「幸福な苦しみ」です。自分の人生を変えるために必要な「産みの苦しみ」であるともいえるでしょう。

これは、変わってみてはじめてわかることですが、人生には二種類ある、いえ、二種類しかないのです。他者の目を気にしてビクビクしながら生きる人生と、私は私の人生を生きると決意した人の人生と。その二種類しかないのです。これは、他人の目を気にしながら生きてきた人が、それを気にせずに生きるようになってはじめてわかることです。このことは、しっかり心にとめておいてください。

他人の目を気にし、自分がどう思われているかを気にかけながらクヨクヨ生きるときと、他人の目をふっきって、「もう、どう思われてもかまわない。私は私の人生を生きる」と覚悟を決めたときとでは、それほど大きく生き方が違ってくるのです。

変わってみてはじめて、わかります。「ああ、人生って、こんなに楽なものだったんだ。

こんなに毎日、楽しいものだったのだ」と。そのあまりの大きな違いに、あなたはきっと驚かれることでしょう。

しかし、いくら私がこう言っても、次のように感じる方もいるはずです。

〝自分を主張するよりも、みんなといい状態を保ちたい。自分の人生なんか生きなくてもいい。嫌われたり排除されたりしないで、穏やかに過ごしていきたい〟と。

そういう人は、自分らしさをいかにして消し去るか、いかにして周囲の空気に溶け込むかを、何より優先して生きていますし、そのほうがその場での幸せをつかみやすいと感じています。

自分の人生の基準が、あくまでも仲間や友だちに置かれているわけです。

自分が自分であることを犠牲にしてでも、周囲との調和を図ろうとするのです。

人の数だけ「中心」がある

私の『孤独であるためのレッスン』を読んでくださった方、特に中年くらいの方から、数多くの共感の声をいただきました。その中でとりわけ典型的なのは、次のようなものでした。

「若いころの私は、友達ができない自分をダメな自分だと思い込み、強い劣等感を抱いていました。どんなに苦しかったことか……。しかしこの本を読んで、それでもよかったんだ、いやむしろそのほうがよかった面も大きいと、これまでの自分を肯定的に振り返ることができました。もっと若いときに、この本に出会えていたら、どんなに楽になれたことか……」

日本はまだまだ、自分を自分として主張すると排斥されがちな社会です。そんな社会で生きるうちに、ならば自分を消すしかない、そのほうが楽だと割り切って生きている人も少なくないかもしれません。

日本社会が、これまでの行き詰まりを打破して新しい地平を拓いていくためには、たとえ怖くとも、事なかれ主義におちいるのをやめて、「自分は自分として生きよう」と決意することが大切なのです。

〝自分〟を生きる。自分の人生の主人公になって生きる。それは、自分をこの世界の中心に据えることです。自分がこの世界の中心であると自覚し、覚悟し、決意して生きることです。

この世界に唯一の絶対的中心はない、中心はいくらでもありうるという考え。それはすでに、一九〇五年にアメリカの論物理学者A・アインシュタインが『特殊相対性理論』を発表したころから、理論物理学や宇宙論の世界では自明のことになりました。

相対論的にみるなら、宇宙の中心はあくまでもあなた自身です。地球でもなく、太陽でも銀河系の中心でもなく、あくまでもあなたが宇宙の中心なのです。大自然の営みも、宇宙の運行も、すべてはあなたを中心として展開しているのです。

宇宙の中心は、この宇宙全体に存在する物質の数だけ見いだすことができます。人類社会の中心は、この地球上に生きる数十億の人々の一人一人なのです。

一方、自分自身を生きられていない人は、自分はこの世界のどこか端のほうに位置していると感じています。どこかに世界の中心があって、自分はそこから遠く離れて生きているように感じているのです。

違いを認め合う関係

映画『ビューティフルマインド』を観て鮮烈な驚きを感じた人は少なくないようです。

この映画に登場する統合失調症（旧・精神分裂病）の学者は、他の人々とまったく違う世界を実体験して生きています。他の人には見えないものが見え、他の人々には存在しない人が存在しているのです。最も身近なところにいる妻が見ている世界と、彼が見ている世界ですら、激しく異なっているのです。

大切なのは、この違いを認めること。すべての人々が互いにそれぞれに異なるものとして体験している世界をそのまま受け入れ「君の世界と私の世界は異なるのだ」と深く了承し合い、尊重し合うことです。

自分を世界の中心として、他の人々に振り回されずに生きる。すると他の人々に自分の世界観を強いることもなくなります。「君の世界と私の世界は異なるけれど、それぞれ独自な意味を持っている」と了解し合うことが、自分を生きる者同士の関係には不可欠です。

カウンセリングでは、そのような視点や理解を開いていく過程を援助します。したがって、自分を世界の中心として受け入れたい、そう無意識のうちに望んでいる人にとっては、とても有効な力になります。

現代カウンセリングの祖といわれるカール・ロジャーズによれば、不適応の原因は自己像にあります。他者からの評価を取り入れた自己像に、自分ががんじがらめに縛られているから苦しくなるのだとロジャーズは考えました。

「私は～であるはずだ」「～でなければならない」――自分自身についての、そうした思い込み、自己像にとらわれるから人は苦しくなるのだと、ロジャーズは考えたのです。カウンセリングにおいて人は、この自己像へのとらわれから解放されていきます。

ロジャーズは、論文「真にあるがままの自分になること」の中で、カウンセリングの中で人は次のような方向に変化していくと書いています。

偽りの仮面を脱いで、もっとあるがままの自分になっていく。
こうすべき、とか、ああすべき、といった〝べき〟から自由になっていく。
ひたすら他の人の期待を満たし続けていくのをやめる。
他の人を喜ばせるために自分を型にはめるのをやめる。
自分で自分の進む方向を決められるようになっていく。
結果ではなくプロセスそのものを生きるようになる。
変化にともなう複雑さを生きるようになっていく。
自分自身の経験に開かれ、自分がいま何を感じているかに気づくようになる。
自分のことをもっと信頼するようになる。
他の人をもっと受け入れるようになってくる。

いかがでしょう。つまりカウンセリングとは、「自分はこの世界の端にいる」と感じている人が、「私は世界の中心にいる」「私の人生の主人公は私だ」と感じられるようになっていく、そのプロセスのことをいうのです。

カウンセラーに心を傾けて話を聴いてもらえたとき、人は、自分の心の声に深く耳を傾けるようになっていきます。自分の心深くからのメッセージに耳を傾けるようになっていくのです。

他人を気にするクセを変えるための方法

ストップをかける効果

認知行動療法というカウンセリングの手法があります。ここではその最もシンプルなやり方を紹介しておきましょう。

それは「とりあえず、自分にストップをかける」という方法。

他者の目を気にして生きている人には、多くの場合、いつの間にか他者の判断に、自ずと従ってしまう習慣が身についてしまっています。

そんな人も、特に意識して他者に従っているわけではありません。ついつい「そんなもんかな～」と感じて判断を放棄してしまうのです。そして判断を放棄したまま「うん」とか「はい」とか人の考えを受け入れてしまう。

そんな判断放棄のクセをやめるには、返事をする前に、自分に対して、とにかくいったん「ストップ」をかけることです。

親に何か言われたとき。教師に何か言われたとき。友だちに何か言われたとき。どんなときでも相手に従う前にとにかく「ストップ」。これを自分に対してくり返すクセをつけると、それだけで、事態は必ず変わり始めます。

早く決めろ、と迫られたとき、すぐに返事をしないと、しかも相手の望みに合わせた返事をしないと、嫌われたり、うとまれたりしてしまう。そのような思い込み（イラショナル・ビリーフ）を変えていくためにも、とりあえずの「ストップ」は大きな効果を発揮します。

これまでの人生でいろいろな人から、相手の望む答えを即座に要求されてきた人は、無意識のうちにそれに応じる習慣を身につけてしまっているのです。

ファミリーレストランに入って、メニューをいつまでもながめている子どもがいるとします。そんな子に対して、多くの親は「早くしなさい！　どれにする？　じゃ、これにしよう！」と、ついせかしてしまいます。

そういったささいな体験の積み重ねによって子どもたちは、自分の判断は受け入れられないこと、自分が判断するまで待ってもらえないこと、したがって自分が判断しようとするのは無意味なこと、をからだで覚えてしまうのです。

そんな、自分の身についてしまった習慣から解放されるための第一歩が、相手に答えるために、とにかく立ち止まってみることなのです。

「ちょっと待って」の一言を

さて、これまで他の人の要求にすぐに応じてきたあなたにとって、「ストップ」をかけるのはたやすいことではありません。しかし、ここが踏ん張り所。少しずつでも、自分に「ストップ」をかけ続けていくと、成功する場面も増えてきます。

すると、これまでとは違う反応を見せるようになったあなたに、相手は戸惑って、さらに迫ってくるかもしれません。

「なに迷ってるの。早く決めて」

そんなときには「私は、ここで嫌われても、うとまれても、自分を大切にする道を選ぶ決意をしたんだ」と、さらに決意を深めながら「二〜三日考えさせて」と応じればいいのです。

はっきりしています。そんな場面で、たった二〜三日でも待ってくれない相手だとしたら、相手はあなたの立場など少しも考えていません。単に自分の都合、自分のわがままを通しているだけです。そんな相手の便利な存在でいる必要はありません。

「ねえ、ここに行くのつき合ってくれない?」「ちょっと考えてから返事するね」

「あれとこれ、やっといてくれない?」「私の都合もあるから、返事は今度にさせて」

「今すぐに返事してほしいんだけど……」「明日まで考えさせて。今すぐなら断ります」

そのような返事の仕方を、すべてパターン化しておけばいいのです。そして事前にメンタルトレーニングしておけばベストでしょう。

心の中で、相手が迫ってくる場面を思い浮かべて、「ちょっと待って」と言葉に出して言ってみるのです。練習の相手をしてくれる人がいれば、ロールプレイング（場面を想定して、役割を演じながら練習すること）もいいでしょう。すると本番でも自然にそのように反応できています。

私たちの心理カウンセリングでも、必要な場面でこうしたロールプレイングを取り入れて、展開していくことがあります。

あなたこそ、あなたを確実に幸せにすることのできる唯一の人

すべては自分の受けとり方で決まる

さて、ここで重要な質問です。

あなたにとってこの世界で一番大切な存在は誰ですか？

母です。父です。親友です。恋人です。わが子です。妻・夫です。

そんなふうに答える方もいるでしょう。たしかに、母や父や親友や恋人や配偶者、さらにわが子となったら、それこそ何にも代えがたく大切な存在であるはずです。

けれど、私としては、このリストの中に、ぜひ「自分自身」を加えてほしいと思います。

なぜなら、あなたの人生の主人公はあなた自身にほかならないからです。あなたのことを確実に幸せにすることができる人はただ一人、あなた以外には存在しないのです。誰が何をしてくれようとも、何をしてくれなくとも、それをあなた自身がどう受けとるかが分岐点。あなたの受けとり方によって、幸せか不幸せかが決まってしまいます。

ある男子学生がこんなエピソードを語っていました。

「前に恋愛したとき、自分が中心、自分が主人公にならなくちゃと、必死になって考えたことがあります。

最初は恋人のためにって、そういうことばかりを思いながら接していました。でも相手の都合に合わせて自分を後回しにしているのがつらくなって、合わせられない都合は合わせない、受け入れられないことは受け入れない。そういうふうに言おうと決意しました。

そしたら、彼女はボクに嫌われたと思ってしまって、うまくいかなくなってしまったんだけど、でもそれでよかったんだと振り返っています。自分を押し殺して無理して続けていっても、苦しくなるばかりだったから」

右のエピソードには、とても重要なことが示されています。

他者の目が気になって苦しんでいる人は「みんなに嫌われたら生きていけない」という典型的なイラショナル・ビリーフにとらわれて生きています。恋愛において、相手に嫌われないように、つらいけど、苦しいけど、いやだけど自分の都合を押し殺して相手に合わせてしまうのも「彼女に嫌われたら生きていけない」と思いつめてしまうからです。

恋愛には、そうした思い込みがつきものです。しかし必要なときに、その種の思い込みに見切りをつけられないままでいると、恋はトキメキから苦痛へと表情を一変させてしまいます。

この学生は、自分自身を大切に思い、彼女に嫌われてもかまわない、と決意したからこそ、相手に迎合することなく生きていけるようになりました。彼は「嫌われたら生きていけない」というイラショナル・ビリーフを「嫌われても生きていける」というラショナル・ビリーフに置き換えることに成功したのです。

減点主義から脱け出す

人に嫌われることがある。これは、人生でごく当たり前のことです。ないはずがありません。失敗することもあります。仲間に嫌われて、孤立することだってあるでしょう。人生を楽に生きられている人は、人に嫌われることも、失敗することも、孤立も、仲間はずれも、生きていれば当然あることだと受け入れて、人生の現実を受容して生きている人です。

他人に嫌われる。失敗する。仲間はずれにあって孤立する。そんな不条理を含んだものが人生です。

私はここで、決して、人から嫌われること、孤立して生きることを推奨しているわけではありません。他者から認められ、ほめられるほうが生きがいがわいてくるのは当然です。

近年、中国の企業が大変な勢いで伸びていて、中国経済も急速な成長を続けています。中国に進出した日本企業の日本人が、会社の命令に逆らい、会社を辞めてでも中国にとどまって働きたがる例も増えています。

なぜでしょうか。日本と中国と、両方で働いたことのある社員は、こう語っています。

「日本の企業よりも、中国の企業のほうが働きがいを感じられます。理由は簡単です。中国の企業では、ほめてもらえるんですよ。小さなことでも、大きなことならなおさら、こっちが頑張ればその分だけ、しっかりはっきりとほめてくれるんです。日本の企業は、まずほめてくれません。失敗すると必ず叱られるのに、ほめてはくれないんです」

つまり、日本の企業は、減点主義なのです。

日本の企業が減点主義から脱け出し、むしろ社員の努力や頑張りに目を向ける加点主義に変わらなければ、社員のモチベーションは上がらないはずです。

4章

「新しい人間関係」のためのコミュニケーション

❖自分も他人も大切にする自己表現

「自分」も「他者」も肯定する人間関係

コミュニケーションの形を変える

私たちの悩みや苦しみの多くは、他者とのコミュニケーションがうまくいかないために生まれてきます。したがって、コミュニケーションのスキル（技術）が十分に培われれば、日常的な悩みや苦しみの大半が消え去るはずです。

日本人の多くは、必ずしもコミュニケーションスキルが高くありません。「以心伝心」「阿吽《あうん》の呼吸」などの言葉が象徴するように、言葉にしなくてもお互いの思いを読み合うというコミュニケーションのスタイルに頼りすぎて、自分の思いをきちんと言葉にして伝える能力が育たなくなったのです。逆に言うと、場の雰囲気を感じとって、「何となく、うまくいく」調和の能力が強く求められてきました。

その結果、日本人の大半は、意識的・無意識的に、つねに次のようなことばかりを心配してしまいます。

他人とどうやって上手に合わせるか。

不特定多数の他者とどう上手にやっていくか。

他者や社会とどう上手に折り合うか。

集団とどのようにうまく調和するか。

グループの輪にどのようにスムーズに入り込むか。

相手の心中をどう読みとるか。


衝突や軋轢《あつれき》は嫌われます。お互いの本音を出し合って話し合うことのできる集団は、そうあるものではありません。あまりに率直に自己主張する人は排斥されかねません。言っていることが正しくても、ただ目立ちすぎるがゆえに排斥されてしまうことすら、めずらしくありません。

「以心伝心」や「阿吽の呼吸」も、たしかに日本特有のコミュニケーションスタイルで、一概に否定されるべきものではありません。言葉はなくてもわかり合えるというのは、たしかに心地のいい関係です。

しかし、それによって自己主張が抑圧されてしまうのも、確かです。

自分も相手も「人生の主役」

本来、コミュニケーションとは、お互いの違いを尊重できる者同士の関係をいうのです。お互いを尊重し、配慮し、お互いの違いを認め合った上で、協調できるところとできないところを探り続けていく。そこにこそコミュニケーションの本質があるのです。

コミュニケーションの原点は、あくまでも「自分」です。「自分」を「自分」の世界の中心に置いて、やはり「自分」を世界の中心に置いた他者との関係を調整するところにコミュニケーションの意味があります。

「自分」を世界の端っこに追いやってしまって、他者や集団に合わせるだけだとしたら、それは歪んだコミュニケーションでしかありません。

本当に豊かなコミュニケーション、すなわちお互いがやり取りを重ねることによって、少しずつ、よりよい状態へと調整されていく。そんなコミュニケーションの土台となる基本姿勢は、次の言葉に集約されるといってよいでしょう。

アイ・アム・オーケー ＆ ユー・アー・オーケー (I am OK and you are OK)

私も肯定できるし、あなたのことも肯定できる。自分も認めるけれど、あなたのことも認める。これが望ましいコミュニケーションの基本姿勢です。

「アイ・アム・オーケー ＆ ユー・アー・オーケー」は、カナダ生まれの精神科医で交流分析の創始者として知られるエリック・バーンの基本的な考え方です。この「自分を肯定すると同時に他者をも肯定する」という基本姿勢は、カウンセリングそのものの基本姿勢でもあります。

言い換えると、「私もこの世界の中心だし、あなたもこの世界の中心である」「私もあなたも、お互いに自分の人生の主役だ」ということです。

自己肯定かつ他者肯定の人間関係。望ましい人間関係の本質はそこにあるのです。

「束縛しあう関係」から「共感しあう関係」へ

自己否定と他者否定は背中合わせ

私についてくればいい。私の言うとおりにすればいい。私に逆らってはいけない——家庭においても学校においても社会においても、そのような押し付けがあるとしたら、そこに人間同士の尊重はありえません。

私の言うとおりにすればいい。その背後にあるのは、「アイ・アム・オーケーだけれど、ユー・アー・ノット・オーケー」という姿勢です。

自己肯定・他者否定あるいは自己自慢・他者蔑視。私は世界の中心だけれども、あなたは私の世界の周辺に位置するべきである。こういう姿勢で生きている人は、他者を自分の都合で利用し、振り回し、自分の自己実現のための踏み台にしてしまいます。

ただしこの自己実現には歪みがあり、自己実現＝心豊かな人生とはなりません。

元プロ野球監督のN氏の妻である通称サッチーさんは、私の見るところ「アイ・アム・

オーケー・バット・ユー・アー・ノット・オーケー」タイプの典型です。他者の目が気にならないわけではないけれど、すべてを自分の都合に合わせて歪めて理解してしまう〝才能〟にも恵まれている、すご腕のオバタリアンです。

このタイプの人とは十分な距離をとって、巻き込まれないようにするのが一番。困った相手に巻き込まれないようにするのも、自分を主人公とした幸福な人生を生きるための大切なコツの一つです。

他者の目が気になってビクビクしながら、悩み苦しみながら過ごしている人の心にあるのは、「アイ・アム・ノット・オーケー・バット・ユー・アー・オーケー」というイラショナル・ビリーフです。自己否定・他者肯定。私はダメだけど、あなたはいい。私はいつも脇役であり、主役である誰かに従って生きるしかない。

この「アイ・アム・ノット・オーケー・バット・ユー・アー・オーケー」というイラショナル・ビリーフは、表面的には謙虚さに映ります。しかしその裏で、とても根深いフラストレーションとストレスを生んでしまうのです。

整理しておきましょう。

「アイ・アム・オーケー　＆　ユー・アー・オーケー」の人は、自己肯定であり他者肯定の人。そのおかげで、ゆとりがあります。ゆとりがあるだけに、自分の心の本音にもていねいに耳を傾けられるし、他者の言葉をもしっかり受けとめ、聞き入れることができます。自分と他者と、双方の思いや意見の折り合いどころを探る力を発揮できます。これは理想的なコミュニケーションです。

しかし「アイ・アム・オーケー・バット・ユー・アー・ノット・オーケー」の人は、他者の言葉に耳を傾けません。「私が！　私は！」と声高に主張することでしか自分を保てない人です。よく注意して観察していればすぐにわかるのですが、このタイプの人の他者否定は、無意識的な自分への不信感、自信のなさの裏返しです。他者を否定することで自分の不安をごまかしているにすぎません。

実際、「アイ・アム・ノット・オーケー・バット・ユー・アー・オーケー」は、この「アイ・アム・オーケー・バット・ユー・アー・ノット・オーケー」と裏腹の関係にあります。

自己否定・他者肯定の人は、つい自己肯定・他者否定の人と結びつきやすいということを自覚しておいたほうがよいでしょう。時々、「なんでこんな傲慢な人についていく人がいるのだろう」と不思議になることがあるのですが、それは多くの場合、ついていく人が

「他者肯定・自己否定」の人生しか生きられない人だからです。

まず「聴き上手」を目指そう

心理カウンセリングにおいては、一般に「傾聴」こそが重要だといわれます。傾聴は、単に耳を傾けて聴くことではありません。元の言葉は「アクティブリスニング（active listening）」。これは「積極的に心を尽くして、語り手の内面に寄り添って聴くこと」を意味しています。

二年ほど前、この「傾聴」の意義を語った東山紘久先生の『プロカウンセラーの聴く技術』（創元社）という本が爆発的に売れました。しばしば「聴き上手はコミュニケーション上手」といわれますが、これは「上手なコミュニケーションができる人は、自分の発言を少なめに抑えながら、相手の思いを受けとる能力が高い」ということを意味しています。

他者の目を気にしすぎる人は「何かをしゃべらなければ」と思いすぎて緊張感を感じてこわばってしまいます。そんな人に、私はこう言いたいと思います。

話し上手になんかならなくていい。「聴き上手」になりなさい。たいていの人は、自分の話を聴いてもらいたがっているものですよ、と。

自分からは何も言わなくていい、何も表現しなくてもいいのです。ただただうなずきながら聴き続ければいいのです。

グチをこぼす人がいるとします。多くの人は、ただただ聴いてもらいたいだけであって、アドバイスや意見、まして批判など求めていません。「うん、うん、そうか、そうなんだね」とうなずきながら聴いてくれる人を求めています。そして、ただひたすら聴いてくれる人を「あの人は自分をよくわかってくれる」と信頼します。

「自分をわかってくれる人」は、厳密な意味で「論理的にわかる人」である必要はありません。「聴いてくれる人」すなわち「こころをわかってくれる人」です。

日常的な人間関係に、この手は大いに利用できます。コンパの席でも、パーティーでも、あるいは仲間がなんとなく集まっているところでも、ゆるやかにほほ笑みながら「へえ、そうか」とか「うん、なるほどね」と聴いているだけで、あなたはその場でとても信頼される人になるのです。私の友人で、話し好きの男は、ほぼ決まって「聴き上手」の女性と結婚しています。

しゃべりすぎる人は嫌われます。しかし、しゃべらなくても、ゆったりした表情で他者の話に耳を傾ける人は好かれます。これは人間関係の基本です。

この場合の「うん」「そうか」「なるほど」は、同意や賛意ではありません。まして相手の言うことに、全面的に自分を従わせることではありません。共感することであり「君はそう感じているんだね」とうなずくことです。「君がそんなふうに感じているというのはわかるよ」という思いを持ってうなずくことです。

私と君は違うけれど、君がそういうふうに思う気持ちはよくわかる。

それは自分自身を保ちながら相手に共感することであり、迎合ではありません。しかし日本では多くの人が、相手の言っていることをまったく同じように感じて従おうとするか、そうでなければ拒絶・批判する、あるいは無視するという反応をしてしまいます。

あなたはあなた。私は私。

私とあなたは違うけれど、あなたの言っていることは、あなたのこととして、とてもよくわかる——こんな姿勢の人間関係を大切にしたいものです。

ひとりも楽しめる自分になる

「空気」が支配する時代は終わった

臨床心理学者の河合隼雄先生は、日本的な人間関係について、「中空構造」という巧みな言葉で語っています。

つまり、人間関係の真ん中には誰もいない、真ん中にあるのは「空気」であり、なんとはなしに漂っている空気が全体を支配する、というわけです。「私」や「あなた」とは無関係に漂っている「空気」が、そこにかかわる人間関係を支配してしまうのです。

その場の「空気」を中心にし、「空気」を壊さないように気遣いながら全員が右往左往するのが、日本人の人間関係のパターンです。だからこそ自己主張が嫌われ、なんであれ「その場の空気を壊さない」ことが大事だとされてしまうのです。

その場の空気を壊さないことが大切。この感覚は子ども時代から、これでもかこれでもかと心身に刷り込まれます。したがって「空気」に支配されるのは苦しい、いやだ、やめたいと思っても、子ども時代から刷り込まれているだけになかなか乗り越えられません。

私は「日本人はもう少し、その場の空気に鈍感になったらいい」と思い、多くの場面で語ってきました。すると「鈍感になんかなれません」とか「鈍感はよくないのではないか」といった答えが返ってきます。「その場の空気を察知することが何よりも大事だ」と思っている人にとって「鈍感になる」ことほど恐ろしいことはないのかもしれません。

これまでの日本では、「空気」にうまく適応できる人が生きやすいところがありました。しかし、もうこれではうまくいかなくなってきています。

「空気」を気にし、他人の目を気にかけて生きていればうまくいった〝これまでの日本〟は、すでに生命力を失ったのです。そう考えるなら、他人の目が気になって仕方がない人が自分を変えていくことは、もうこのままでは立ち行かなくなった日本を変えていく上でも必要なことなのです。

周囲に無理に合わせるよりも

今は、集団に従うことをよしとしがちだった日本社会が、個を主張する社会に変わっていく過渡期なのです。多くの人がそう実感しているはずです。このような過渡期には、ある種〝反動的〟とも見える傾向も目立つようになるものです。

かつては文字どおり暗黙の圧力であったピアプレッシャーが、ストレートに言語化され、横行する場面が目立つようにもなっています。

「私たちとうまくやろうと思わないのなら、あんたは排除するわよ！」

「みんなの雰囲気に合わせようとしない君なら、無視する」

そんな「もろに本音のメッセージ」が遠慮なく飛び交っています。お互いにお互いを傷つけ合う〝戦国時代〟さながらの状況です。

また、その一方で、複雑な人間関係に気をもみ、疲れ果てるくらいなら、「自分ひとり」で過ごしたほうがずっと楽しいし、気楽だという傾向も生まれてきています。そして、このトレンドも、やはり女性から生まれてきています。

先年亡くなられましたが、『おひとりさま向上委員会』を主宰していたフリーライター岩下久美子さんは、「女性がひとりで快適に旅したり外食したりすることを、もっとどんどん楽しもう」とアピールしました。

女性がひとりで高級なレストランで食事をする。女性がひとりショットバーで時を過ごす。女性がひとりで心地よいホテルに泊まる。ひとりでいいじゃない。ひとりだからいいじゃない。ひとりでたっぷり豊かに生きる時間を持ちましょう。そういうアピールです。友人や同僚との人間関係に気をもみ、くたびれ果てていた女性たちの心に、岩下さんのアピールはとても心地よく響いたはずです。

昨今の日本では、新しいムーブメントや新しい生き方、あるいはこれまでの社会的限界を超える提案は、必ずといってよいほど女性の側から立ち上がります。特に日本の場合、新しい生き方を提案する自由と柔軟性は、女性のほうがはるかに優れているようです。

女性ひとりで牛丼屋、いいですね。立ち食いソバ屋もいいじゃないですか。女子学生の中にも、五人に一人くらいは自分ひとりで牛丼屋や立ち食いソバ屋に入れる女性が出てきています。これは、十年前には考えられなかったことです。

私は、とてもいいと思います。他者や社会の目を気にせず、自分のしたいことができる。そんな女子学生の姿は颯爽としています。伸び伸びしていてスマートです。

「自分だけの時間」を確保する工夫

ひとりの時間を大切にしよう。これは私が、『孤独であるためのレッスン』で行なった提案でもあります。

まず、ひとりでいられる時間を確保すること。それまで人間関係のために使っていた時間を大幅にカットして、〝自分のため〟の時間として使うこと。それが、心のゆとりを持って生きるための、とても大切な条件のように思うのです。

「自分の時間」を確保する。そのために私は次のような工夫を推奨しています。

携帯電話は持たない。持ったとしても、呼び出し音にすぐに応じない。
連絡はファックスのみにせよ。
名刺は、いつまでも後生大事にとっておかない。しばらくしたら捨てよ。
年賀状は出さない。
eメールの返事も、すぐには出さない。

つまるところ「いい人」であることをすっぱりやめることです。
私もこれをすべて実践していますが、携帯電話を持たなくても、連絡はファックスのやり取りだけでも、年賀状を出さなくても、出会うべき人、人生にとって本当に必要な人とは必ず出会います。そうした人々と心を込めてお付き合いしていけばいいだけのことです。

携帯電話くらい持たなければダメだ。年賀状を欠かしてはならない。名刺はすべてとっておかなければ。

もちろん職種によっては、それらを仕事として割り切ってやったほうがよいことはあるでしょう。しかし個人としては、この種の雑事から解放されると相当に自由になれます。

年賀状を書かなければ、届く年賀状の束も薄くなります。するとどれだけ時間とエネルギーが節約できることか。

他方で、懐かしく大事な人であれば、思い出すたびにハガキを出したりファックスしたりすればいいのです。形だけの付き合いはやめて、心のふれあいのある付き合いだけを大切にするのです。

この人生、本当につながり続ける必要のある人とは、音信不通の時期があっても必ずつながっているもの。そのように信じれば、名刺を交換した人々すべてと年賀状のやり取りをしなくてはならないような不安から解放されます。

日本中の人々が毎年毎年、何十枚・何百枚もの年賀状を書いている。しかも個人としてだけではなく会社ではまた別に何十枚・何百枚もの年賀状を書いている。そのコストと、時間とエネルギーを別のものに使えば、どんなことができるでしょうか？

「周囲を巻き込まない生き方」のトレーニング

自分も相手も大切にする自己表現

自分がやりたいことは思い切ってやってみる。やりたくないことはやらない。言いたいことは言う。言いたくないことは言わない。入りたい店には入る。行きたくないところには行かない。

日々のすべての行動や言動を、自分の本音どおりに選択できたら、どれほど心地よいでしょう。他者の目に縛られていたら苦痛が深まるばかり。でも自分の本音のままに生きられるなら、どんどん快適になっていきます。

自分の気持ちのままに生きる。

それは、我がまま勝手に生きるということとは違います。

我がまま勝手とは、周囲を巻き込みながら、周囲に無用な迷惑をかけながら生きることです。本当の意味で心地よく、自分のあるがまま、自分の本音のままに生きようとするなら、周囲を巻き込まないで行動できるスキルが不可欠です。

そう考えると、女性に限らず男性も、誰かとつるむことなくひとりで行動する、ひとりの時間を楽しめるようになるということが、大事なトレーニングになってきます。誰かと一緒じゃなければ何かができない。それ自体がすでに他者を巻き込んでいることになるからです。

アサーション・トレーニングという人間関係のトレーニング法があります。日本語では「自己主張訓練」と訳されていますが、簡単にいえばこれは、相手を大切にする自己主張の方法のことです。

私は、これこそが今の日本人に必要なトレーニングだと思っています。

アサーション・トレーニングとは、自分を否定するために自己表現ができない人や、逆に自己主張が強すぎて相手を抑え込んでしまう人に、自分も相手も大切にする自己表現、人間関係の持ち方をトレーニングする方法のことです。

その際、①イラショナル・ビリーフが邪魔していて自己表現ができないのか、②主張するべき適切な場面を選べないのか、あるいは③主張するスキルが欠如しているのかを明確に区別することが大切なポイントとなります。

他者の目が気になって仕方がない人にとって、このアサーション・トレーニングこそ、まさに自分を変えるために必要なものということができます。

「耐えるか、キレるか」になる理由

アサーション・トレーニングが目指すのは、「アイ・アム・オーケー＆ユー・アー・オーケー」、すなわち自己肯定かつ他者肯定的な人間関係です。

したがって、①自己主張が強すぎて相手を抑え込んでしまうような人とともに、②自己主張が弱すぎる人にも、アサーション・トレーニングは必要となるのです。

自己肯定かつ他者肯定の人なら、相手を抑え込んだりはしません。適切な自己主張とは、相手の言い分にもたっぷり耳を傾けることであり、「君はそうなんだ。私はこうなんだ」と認め合うことです。

多くの人は「自己主張することは相手を引き下がらせることだ」と思い込んでいます。「自分が主張するということは、相手の主張をも尊重し、耳を傾けることだ」とは思っていません。だからディベート（討論）が成り立ちにくく、ディベートのつもりがケンカになってしまったりするのです。

「自己主張は相手を引き下がらせることだ」と思っている人は、相手が自己主張するときには自分が引き下がるように要求されていると受けとり、一種の屈辱を味わってしまいます。したがって相手の主張を聞くのは耐えること、我慢すること、自分を押し殺すことだとなりかねません。

結果、多くの人が、「耐えるかキレるか」のどちらかの行動パターンしかとれなくなります。

キレるまで耐えるのをやめて、自分の都合と相手の都合の折り合いを探りつつ「～してほしい」と自己主張することができればよいのです（アサーション）。しかし、自己主張するとトラブルになるといった程度の未熟な人間関係しか学んでいないので、それがなかなかできません。

もちろん、これは大人社会だけではありません。子どもたちも同様で、いやなのに、つらいのに、ずっと耐え忍んで従い続けたあげくに、最後にはキレて、気づいたときには自分が不登校になるか、逆に相手に暴力をふるう（いじめ）か、といった結果になってしまいます。

夫婦間によくあるパターンは、次のような展開です。

夫・妻に言いたいこと要求したいことがある➡けれど相手が不機嫌になるかもしれないと恐れたり、自分の都合を切り出すのは我がままだと誤解したりしているため、言わないまま、要求しないまま過ぎていく➡だんだんお腹にたまってくる。一つ一つは小さなことだけど、次第にたまればムカついてくる➡吐き出したくなる➡我慢できなくなる➡それでもまだ我慢する➡とうとう臨界点➡ほんの小さなキッカケで大爆発。勢いにまかせて、つい「それを言ってはおしまい」の最低の一言を言ってしまう➡相手は「なんでそこまで言われなければならないんだ！」と怒り、傷つき、心を閉ざす➡そのままお互いに心を閉ざしたままの日々が続く➡和解のチャンスも互いの再爆発で物別れ➡家庭内別居➡別居➡離婚。

すべては、「ほんの小さなこと」の積み重ね。最初の時点で、アサーション（相手を大切にした自己主張）ができれば、防ぐことのできた人間関係の悲劇はいくらでもあります。離婚できればまだしも、お互いに嫌悪を募らせながら家庭内別居が続けば、家庭をおおう暗雲が子どもの心を踏みにじってしまいます。最後に犠牲になるのは、最も弱い立場の子どもなのです。

肝心なときにアサーションができるためには、日々の積み重ねが大切。普段、言いたいことも言えずに耐え続けている人が、途端に言いたいことを言い始めると、堰《せき》を切ったように相手への非難が爆発。制御できない感情のぶつけ合いにおちいってしまいがちです。

少し言いたいことを言っただけのつもりが悲惨な非難の応酬に直結してしまう最大の原因は、①我慢しすぎ、耐えすぎ、と②相手を大切にしつつ自分の言いたいことを上手に伝えるスキル（技能）を学んでいないからなのです。

「違い」を認めて、受け入れる

相手の心に届く言い方

「相手を尊重する」とは具体的にはどのようなことでしょうか。タバコの問題を例にとれば、こんな具合になるでしょうか。

タバコが健康に悪いことはよく知られています。けれども、それでも吸う人が多いのは、気持ちが落ち着くなどの効果があるからでしょう。ですから、タバコを吸う人が、その人の責任で吸い、周囲への配慮ができているかぎり、何もとやかく言う必要はありません。

「タバコは体に毒ですよ。やめたらどうですか?」

そんなことを言うのは余計なお節介でしょう。ただし、この「自己責任でタバコを吸う自由」が認められるのは、「他の人に迷惑をかけないかぎりにおいて」です。

もし、すごい量のタバコの煙が吹きかけられたら、私は言うでしょう。「すみません。私はタバコの煙が苦手なのです。もしよければ、別の場所で吸っていただけませんか」と。

ここで、そのお願いが相手の心にすんなり伝わるかどうかのカギを握っているのは、「相手を尊重しているかどうか」です。

「あなたがタバコを吸うのは御自由です。しかし、私はタバコの煙があまり好きではありませんし、健康にも害があるかもしれません。

もしよろしければ、他の場所で吸っていただけないでしょうか」

そのような、相手への配慮を前提としたお願い、つまり「相手を尊重しながらの自己主張」（アサーション）であれば、たいていは受け入れられるものです。そこまで配慮してお願いしたにもかかわらず「うるせえ」「俺の勝手だ」といった態度をとられるなら、もとよりかかわるだけ損な相手。この場合は、腹立たしいけれど自分のほうから遠ざかるのが得策です。

整理しておきましょう。「相手を尊重する基本」は、お互いの違いを認めることです。どちらが正しいと決めつけないことです。相手の価値観や生き方を非難しないことです。

次のように考える方もいるかもしれません。タバコが体に悪く、周囲にも害をもたらしているのは、科学的にも証明されていることではないか、と。

なるほど、そうなのかもしれません。しかしタバコに対してヒステリックな反応をしているのは、アメリカ合衆国と日本、その他少数の国だけです。ヨーロッパの国々の大半は、タバコの害はしっかり認知しながら、しかし喫煙という文化を容認してもいます。もちろん「他人の迷惑にならないかぎりにおいて」ですが。

大切なのは、少しでも害になることはすべて徹底して、ヒステリックに排除することではありません。

大切なのは、相手をリスペクト（尊重）することです。その上で、自分にも配慮してくれるようにお願いする。これこそが、人間関係の土台なのです。

無理に合わせない、従わせない

お互いの違いを認め合う。相手の好みや生き方を尊重できる。それが、人間関係の基本だと言いました。

しかし、多くの人は、同じ価値観の人間同士でなければ、いい関係は築けないと考えているようです。

夫婦なら、二人の趣味や人生観が同じでなければうまくいかない。仲良くなるということは、互いに価値観や好みが同じになることだ。そんなふうに考えている人が多いようです。たしかにそれも一理あります。同じ趣味を持ち、価値観も同じなら、仲良くなるのは楽でしょう。

しかし半面、人間は、お互いに違う者同士だから面白いというのもまた、確かです。

「どんな人と結婚したいですか？　理想の結婚相手はどういう人ですか？」

「食べ物とか、遊びとか、ファッションとか、それから映画とか趣味とかも、私の好みと合う人、価値観が同じ人が理想です」

そんなふうに考える人が少なくありません。価値観や感覚が同じ者同士だったら、たしかに楽に過ごせるでしょう。

しかし、それはそれだけのこと。似た者同士の関係は、ある意味では飽きがきやすいし、お互いに成長しにくい関係だということもできます。人は、お互いの違いを受け入れ合いながら成長を重ねていくものです。

お互いに異なるところ、重なり合わないところがあり、それを認め合うことを通して、人は、自分が生きていない心の半面、「影」の部分を生きることができるようになっていくのです。

このことは、多くの恋愛小説や恋愛映画でしばしば語られてきたことです。たとえば、昨年アメリカで爆発的にヒットした映画『トゥー・ウィークス・ノーティス』。この作品では、恋愛経験豊かで、人生をエンジョイしてきた男性の会社オーナーと、クソまじめで恋ひとつしてこなかった女性の社会活動家という、普通に考えればとても折り合いの悪い二人が恋に落ちるのですが、不思議なことに、作品の終わりごろでは、お互いがお互いに少し似てくるのです。そして、それによって、それまでとは違う自分を生きることができるようになっていくのです。

大切なのは、違いを認めて受け入れ合うことです。無理をして同じになることではありません。相手に合わせようとしたり、相手に合わせることを要求したりする結婚は、必ず破綻します。

むしろ、お互いの違いを尊重し合うことによって、自然と二人が似てくることはよくあることです。それは、違うタイプの人間と本気で付き合うことで、お互いが自分の心の「影（シャドウ）」を生きることができるようになるからです。

適切に主張し、聴くためのステップ

感情に振り回されない自己表現

ではどうしたら、お互いが違う存在であり、異なる選択や生き方をしていることを受け入れ合えるようになるでしょう。そのために重要なのは、自分の意見を言うにしても、聴く側に立つにしても、感情的にならないトレーニングをしておくことです。

人間は、感情にまかせてしまうと「賛成か反対か」といった極端な判断に走りがちです。本来は「この部分は賛成だけれど、この部分は賛成できない」といった考えができるものでしょうが、白か黒か、オール・オア・ナッシング、右か左か、そんな極端な判断になってしまうのです。これは、個人としてもグループとしても未熟なあり方です。

適切な判断や選択は、多くの場合〝中間領域〟にあります。適度に折り合って、〝中間領域〟を探り出していくためには、感情的にならない手立てを大事にするほかありません。

具体的には、次のような三つのステップを踏む練習をしておくのがよいでしょう。

［自分の思っていることをうまく伝える三つのステップ］

① 一呼吸間を置く。

どんな状況であっても、自分の言いたいことを口に出す前に一呼吸間を置くこと。自分の感情がどのような状態であるのかを認識する。喜んでいるのか、いらだっているのか、怒っているのか、焦っているのか、落ち込んでいるのか。自分の感情を見つめて「私の中には、今、〝いらだち〟があるな」と確かめていく。

こうすることで感情が暴発する危険を防ぐことができるとともに、その〝いらだち〟も少し小さくなることが多いのです。

② 言いたいことをシンプルに整理する。

その状況にあって自分が感じていることを、ごくシンプルな言葉にしてみる。何がいやなのか。何が好きなのか。こうしたいのか、ああしたいのか。相手への非難や意見は交えず、あくまで自分自身の感情として、「私は～だと感じている」と言葉にしてみる。

③ 自分の気持ちを適切に伝える工夫をする。

「私は～と感じています」「できれば～していただけませんか」と、自分の感情と相手へのお願いとを明確に区別するのがポイントです。相手へのリスペクト（尊重）の気持ちを忘れないようにしましょう。

［相手の言い分を、上手に聴くための三つのステップ］

① 相手が何か言おうとしているのに気づいたら、または何かを主張してきたら、すぐに反応しないで一呼吸間を置く。

反応する前に、やはり自分の感情に目を向ける。いらだっているのか、怒っているのか、悲しんでいるのか、はしゃいでいるのか。感じとった感情を、心の中で言葉にしておく。「私は～と感じています」というように。そうすれば、相手が何を言っても、感情的に反応する危険が減少する。感情に振り回されなくなる。

② 言葉尻にとらわれず、相手が言わんとしていることを理解する。

相手の感情的な言葉にとらわれると、カーッとなってしまいます。言葉尻にとらわれず、相手が本当に言わんとしていることだけを拾い出すつもりで聴く。

③ 相手の言ったことに対する応答は、可能なかぎりシンプルな言葉にする。

たくさんの言葉が出てしまいそうになるとしたら、またここで一呼吸間を置きましょう。その言葉の大半は余計な感情の表現です。相手の言葉に対する自分の感情をよく見つめた上で、「私は〜と感じた」と「わたしメッセージ」で伝えましょう。「だいたいあなたは！」と相手を責めないように。

以上の三つのステップをぜひ試みてください。すぐにはなかなか成功しないかもしれません。少しずつでも上手にやれるようになればいい、というつもりでやり続けるのがいいでしょう。

失敗しながらでも試み続けていると、次第に、感情に振り回されなくなる自分、自分の「言いたいこと」を主張し、相手の言い分に耳を傾けることもできている自分に気づくようになるはずです。そこまで来たら大成功、立派なものです。

とはいえ、いくら上手なコミュニケーションができるようになっても、それでもうまくいかない相手なら、その人は本当に相性の悪い人なのでしょう。スパッとあきらめましょう。距離をとって、トラブルが生じないようにお付き合いしていけばいいのです。

自分らしく生きるために不可欠なのは、「すべての人に気に入られなくてもかまわない。この世には私をわかってくれない人だっている」という覚悟です。

どの人にも、その人なりの感じ方や考え方というものがあります。それぞれに異なる感じ方考え方がある以上、どうしても折り合えない相手がいても当然なのです。すべての人に気に入られよう、みんなから好かれる〝いい人〟でいようとすることは、自分らしく生きるのをあきらめることにつながるのです。

「攻撃性」も必要なエネルギー

イヤなことはイヤと言う。断りたいことははっきり断る。

人に「ノー」を言うことは、かなりのエネルギーを必要とします。そのトレーニングとして、カウンセリングでは以下のようなことをする場合もあります。

ティッシュや新聞紙を丸めて紙つぶてを三〇個ほど作ります。

トレーニングの相手をしてくれる人も必要です。友人やきょうだいなど、安心して付き合える人がいいでしょう。

次に、かつてノーと言いたくて言えなかった場面を思い出します。

そんな場面を思い浮かべ、パートナーの目をじっと見ながら、ただひたすら「ノー!!」「違う!!」「イヤだ!!」などと叫んでいくのです。同時に紙つぶてを相手に投げつけます。

これを紙つぶてがなくなるまでくり返します。何か感じるものがあれば、さらにもう1セット、もう2セットとくり返していってもいいでしょう。

人によっては、これはあまり後味のよくないトレーニングになってしまうかもしれません。かなりのストレスを感じる人もいるでしょう。相手の目をじっと見ながら紙つぶてを投げるという行為は、かなりの攻撃性を必要とする行為だからです。

時として、自己主張と攻撃性は隣り合わせです。相手を傷つけることを恐れてばかりいたら、自己主張はできません。私たちがなんらかの自己主張をするときには、表面的には穏やかな言葉を発していたとしても、かなりの攻撃性を発揮しているのです。

攻撃性は、自己主張に不可欠のエネルギーです。矢田部ギルフォード性格検査（YG性格検査）という幅広く利用されている性格テストを実施すると、日本人は総じて「攻撃性」の項目での得点が低くなってしまいます。

断れない人、特に人からお金や物を貸してくれと言われて断れない人や、何かに誘われるといやなのに断れない人は、自身の攻撃性を発揮して、人を傷つけるのを恐れている人であるともいえるでしょう。

しかし、攻撃性は必ずしも悪いものではありません。自分を主張し、自分がありたいようにあるためには、どうしても攻撃性を必要とします。そのためにも、自分が持っている攻撃性とうまく付き合うことが必要です。

もし、先の紙つぶてを投げるトレーニングに、強い抵抗やストレスを感じるようなら、「ああ、私はこの程度の自己主張もできないほどに自分の攻撃性とうまく付き合えていないのだ」ということなのです。

他者に向けて攻撃性を発揮できない人は、逆に、原則として、自分の内面に向けて攻撃性を発揮しがちです。「こんな自分ではダメだ」と自分を責め、罰してしまいます。それが高じるとうつ状態におちいってしまいます。

ところであなたの周囲には、何かというと多くの人を巻き込んでしまう支配的なタイプの人はいないでしょうか。そういう人とうまく距離を置いて付き合うためにも、一定の自己主張能力は必要です。

5章

「あるがままの自分」を信じて生きる

❖なすべきことを実現する人生

「こころのメッセージ」に耳を傾けていますか？

どう生きたいのかわからない……

自分を生きる。〝自分らしい人生〟を生きる。そのために必要なのは、たとえ他者や世間から見放されてもかまわない、という決意と覚悟です。

しかし、いくら覚悟があっても、実際に人と会うと、その人の言いなりになってしまう、というのでは仕方ありません。

そうならないためには、人間関係の技術（スキル）が必要です。そのために、前章では、自分の「言うべきこと」「言いたいこと」をハッキリ相手に伝えるための技術として、アサーション・トレーニングを紹介しました。

「ノー」を言うべきときには、はっきりと「ノー」を言える力。

そんな自己主張能力が、自分らしく生きるためには必要です。前章では、こんな考えから、そのためのトレーニングを紹介してきたわけです。こうした人間関係の技術が身につけば、他者の目を気にして周囲に引きずられる生き方をやめることができるはずです。

しかし、では、こうした人間関係のスキルが身につけば、すぐに自分らしい人生を生きられるようになるか、といえば、必ずしもそうではありません。たしかに、他者や周囲の目はあまり気にならなくなった。しかし、自分が本当はどう生きたいのか、どう生きていけばいいのかがわからない、という人もいるでしょう。

自分が本当は何をしたいのかわからない。どう生きたいのかわからない。こういう人はかなり多いことでしょう。

忙しい毎日の中、目の前の〝なすべきこと〟をこなすのに追われて、自分の内なる「こころの声」に耳を傾けるのを忘れてしまっているうち、人はつい、「自分は本当は何をしたいのか」「どう生きたいのか」を見失ってしまうのです。

自分らしい人生を生きるとは、「自分のこころ」の声を聞き、それに従って生きていくことです。「あれもしたい」「これもしたい」と欲望に振り回されて生きることとは違います。そんなふうに我欲に振り回され、あれこれの「したいこと」に目を奪われているうちに、私たちは、自分のこころの奥の声に耳を傾けることを忘れてしまうのです。

刺激から解放される時間

では、どうしたら「自分のこころの声」を聴くことができるのでしょう。

まず、第一歩として、私がおすすめしたいのが、「ボーッとする時間」「まったく何もしない時間」を持つ、ということです。周囲の刺激から身を遠ざけた、「何もしない、をする」時間を持つのです。

そんなの簡単だ、と思われるかもしれません。しかし、これが案外と難しいのです。忙しさに慣れている私たちは、何もしていないつもりでも、ついつい、何かをしてしまうのです。

では、ここで考えてみましょう。あなたは、毎日、どれくらい、何もせずにボーッとする時間を確保できていますか？

テレビもラジオもなしに家族や周囲の人とのかかわりも持たず、仕事や家事などもしないで、ただひたすらボンヤリと自分のこころの中をながめている時間。そういう時間を毎日少しでも確保できている人は、案外少ないのではないでしょうか。

通勤や通学の電車の中で多くの人は、いつも本や雑誌を読んでいるか、音楽を聴いています。携帯でのメールに熱中している人もいます。あまりに混んだ電車の不快感にイライラしながら周りの人と押し合いへしあいしていることもあるでしょう。電車の中でもなかなかボーッとできないものです。

私たちは、いつも何らかの刺激にさらされることに慣れてしまっています。そのため、何の刺激もないと、いつの間にか何かの刺激を求めるクセがついてしまっているのです。テレビがついていないと落ち着かない。ヘッドフォンで音楽を聴いていないと落ち着かない。ついついインターネットで遊び続けてしまう。そんな具合に、いつも刺激を受けていないと落ち着かないという人が多くなっています。

「たしかにテレビはつけているけど、でもボーッとながめているだけだ。だから毎日、ちゃんとボーッとする時間を確保できている」

そう思う人もいるかもしれません。テレビをながめることで、私たちはたしかに自分の気を紛らわすことができます。しかし、この「気を紛らわす」というのが、くせもの。それが習慣化することで、私たちはたえず何かの刺激を求めるようになり、その結果、自分のこころの声には耳を傾けられなくなるのです。

ヘッドフォンで音楽を聴くのも同様です。

たったひとりで散歩に出て、あくまで自分のこころのリズムに従って歩くとか、ひとりで自分の部屋にこもったりして、あらゆる刺激から解放されてボーッとする時間を確保してみてください。

何の刺激もないところでボーッとする。ただそうしているだけで、いつもは浮かんでこないイメージや想いが浮かんでくるのに気づくはずです。「自分のこころの声」が聴こえてくるはずです。

あらゆる刺激から解放された静けさ。そういう状態に身を置くことに不安を感じる人も少なくないはずです。あるいは、とてつもないさみしさを感じる人もいるかもしれません。しかし意を決して、その静寂の中に、しばらく自分の身を投げ出してみてください。人にもよりますが、意外と簡単に慣れることができる人もいるはずです。

もしあなたがテレビや音楽なしではほんの十分でも落ち着かない感じがする、としたら、かなり問題ありです。軽い刺激依存症にかかっているといっていいでしょう。ぜひとも何の刺激もない空間で過ごす習慣をつけてください。

自分に語りかけるのをやめてみる

思いが浮かび上がるまで

外界からの刺激を遮断し、静寂の中、ボーッとした時間を過ごしていると、さまざまな思いが浮かんできます。

今日は何をしようかな……。何を食べようかなあ……。ああ、あの人に電話しよう……。この前、あの人に悪いことしちゃったな、謝りたいな……。

そんなふうに、浮かんでは消え、浮かんでは消えていく思いに身をまかせつつ、さらにボーッとした時間の流れに身を委ねていると、次第にもう少し深い思い、生きることの本質にかかわるような問いも浮かぶようになってきます。

私はこれまで一生懸命生きてきたつもりだけど、本当に生きたい生き方をしてきただろうか……。そもそも、私は何のために生きているのだろうか……。私はこの人生で何をしたいのだろうか……。これまでどおりの生き方をずっと続けて、そして死んでいくとして、私は果たして、心の底から満足した人生だったと言えるだろうか……。私が生きていることに、果たしてどんな意味があるのだろうか……。

そんな疑問が浮かんでくるのです。

大切なのは、そうした疑問を頭でこねくり回し、無理やり答えを出そうとしないことです。いろいろな思いが浮かんでは消え、浮かんでは消えするのにまかせて、それにぼんやりと耳を傾けていることが大切なのです。

そんなふうにして、ただぼんやりと待っていると、自分の内側から自ずと「答え」が返ってくるかもしれません。あるいは、「答え」とはいかなくても、それまで気づかなかった自分の気持ちがわかってくるかもしれません。

一見、ただボーッとしているだけに見えるこの方法をさらに洗練していくと、フォーカシングと呼ばれる心理学的自己探索になっていきます。後でくわしく述べますが、フォーカシングは、自分について「考える」方法ではありません。そうではなく、むしろ、自分について「感じる」方法、自分の内なるこころの声に耳を傾けていく方法です。

そして、そのために大切なのは、「自分のこころに語りかける」のをやめる、ということ。そして、自分のこころの奥からメッセージが浮かび上がってくるのをただただ待つ、という姿勢です。

フォーカシングとは逆に、「自分に語りかける」ことを重視する自己変革法もあります。

そして、もちろんそれがきわめて有効である場合も少なくありません。

自分の心にポジティブな、前向きな言葉を注ぎ込む。ネガティブになりがち、後ろ向きになりがちだった自分のこころに、より前向きな言葉――たとえば「おまえなら必ずやれる!!」といった言葉――を、呪文のように注ぎ込む。そうすることで自分を鼓舞し、元気になる方法もあります。

しかしこの方法――いわゆるポジティブシンキング――には限界があります。

うまくいっている間はもちろん、それでいいのです。けれど、「おまえなら必ずやれる!!」「きっと大丈夫」という励ましの言葉に、こころがどうしてもついていけなくなることがあります。そんなとき、どんよりと落ち込むしか術がなくなってしまうのです。

どんな自分も、大切な自分

典型的には次のような例がありました。

『小さいことにくよくよするな!』(リチャード・カールソン著、サンマーク出版)という本が大ヒットしたことがあります。五年ほど前のことです。非常にわかりやすい前向き思考（ポジティブシンキング）の本で、多くの人にアピールしました。

あの本を読んだおかげで、うまくいった、人生が好転した、心が軽やかになった、前向きに生きられるようになった、といった人はかなりいたはずです。私の友人にも、「あの本、よかった」という人が少なくありませんでした。

しかしこの本に限らず、ポジティブシンキングの本を読むと、「理屈はわかるけど……」というふうな気持ちになる人が必ず出てきます。

こうした心理を見透かしたかのように、『小さいことにくよくよするな！』が大ヒットして間もなく、今度は『「くよくよするな」と言われても…くよくよしてしまう人のために』（北西憲二著、法研）という本が発売されました。

いくらポジティブに、前向きに自分を変えようとしても、どうしてもそうなれない自分が残る。ポジティブに、前向きになれない自分が情けなくて、逆に落ち込んでしまう。そんな人たちに、救いの手を差し伸べた一冊でした。

私は、小さいことにくよくよするなという言葉に象徴されるポジティブ思考の価値を否定するわけではありません。それで元気になれる人、前向きに生きられるようになった人はたくさんいるはずで、それはそれでもちろん結構なことです。

しかし人間には、「くよくよするな」と言われても、どうしても「くよくよしてしまう自分」がいるのも事実。そして実は、そんな「くよくよしてしまう自分」も、ほかならないこの私の一部として、大切に生きる生き方のほうが——一見否定的に見えながら——より深く自分を肯定した生き方なのです。

私たち人間には当然、醜い部分もあります。優柔不断な自分もいれば、弱くて情けない自分もいます。計算高い自分もいますし、情にもろすぎて失敗する自分もいます。ダメだなあとため息つくしかない自分が、どんな人のこころの中にもいるものです。

どんな自分も、大切な自分。そんな〝ダメな自分〟も含めて、あらゆる自分を認め、受け入れることが本当の、深い自己肯定的な生き方です。

これに比べれば、たえず前向きに生きようとするポジティブシンキング的な生き方は、前向きな自分だけをよしとする、部分的自己肯定、条件つきの自己肯定にすぎません。

「引きこもり」の効用

ここで、私がおすすめしたいのが、「自分ひとりだけの静寂な時間」を持つことです。

あえて誤解を恐れずにいえば、世間からリトリート（retreat／退却、引きこもり）することです。それまで外側に張り出していた情報キャッチやコミュニケーションのためのアンテナをすべて引っ込め、外界の刺激を遮断して、自分の中に引きこもる時間を持つことです。

リトリートは、宗教用語としては「黙想」という意味を持っています。そうした意味の広がりを視野に入れれば「引きこもり」は、自分自身と出会い、自分自身をメンテナンスするために不可欠な時間でもあるのです。

さて私の場合、日々必ずリトリートする時間を持つようにしています。電話にも出ず、連絡受付はファックスにおまかせして、自分の内面との対話に徹するリトリートをする時間を、一日一時間は持つようにしています。

私は、あちこち招かれて講演旅行によく出かけますが、新幹線や飛行機の中もリトリートするのに絶好の時間です。

たとえば山形までの日帰り講演だとしたら、往路の二時間は仕事や読書。原稿を書くこともあります。チャンスは復路。復路の二時間には、軽くビールなどすすりながら、ボーッとするわけです。ダラリとなりすぎるでもなく、しかし肩の力を抜いてゆったりリラックスして、ボーッとしながら、あれこれ思い浮かべるのです。

そんなときにはさまざまなアイデアも浮かんできます。解決できずにいた問題の答えがじわーっと浮かび上がってくることもあります。やったほうがいいのにやり忘れていたことが、ふと思い浮かんでくることもあります。

そんな自分との対話の時間をより充実したものにするために有効なのが、これから御紹介するフォーカシングという方法です。

「からだの感じ」が教えてくれること

あいまいな「感じ」に耳を澄ます――フォーカシングの実習

フォーカシング。それは、自分の内なる声に耳を傾ける方法。静かにやさしく、自分のこころのメッセージを受けとっていく自己発見の方法です。

静かに、そしてていねいに自分のこころの声を聴いていくこの方法は、日本人の体質に合っているのか、今、各地で大変人気を集めています。

なお、これからの説明には「フェルトセンス（からだの感じ）」という言葉が何回も出てきます。

英語ではフェルトセンス（felt sense）と呼ばれるこの繊細な「からだの感じ」が、フォーカシングではきわめて重要な意味を持っています。

自分のからだの内側のどこかで感じる、何かそこに大切な意味があるように感じられるけれども、それが何であるかはまだよくわからない、あいまいな、「からだの感じ」（フェルトセンス）。フォーカシングでは、この、フェルトセンスにこそ、その人が気づくべき人生の大切なメッセージが潜んでいる、と考え、そこにやさしく意識を向けていくのです。

【フォーカシングの実習】

① からだの感じに注意を向ける。

ゆったりくつろいだ状態で、目を閉じて、からだの感じに注意を向けていきます。まずは、からだの外側、足、手、腕、腰、背中、肩、頭の後ろ、頭のてっぺん。その次は、からだが床や椅子と接している部分。続いてからだの内側、特に、のど、胸、胃、下腹のあたり。そして最後に、からだの全体。

こうしてからだの各部分や全体に意識を向けながら「からだのどこかに、何か気になる感じはないかな？」と問いかけてみてください。

そして、どんな感じが出てきても、それを認めていきましょう。「あなたがそこにいるのを、知っていますよ」といった姿勢で。

② 自分の内側に注意を向けながら、問いかける。

少しぼんやりとした意識を保ちながら、自分の内側にこんなふうに問いかけていきましょう。

「自分の内側のどこかに、何か、注意を引きたがっているところ、関心を向けてもらいたがっているところはないかな?」

「出てきたがっている何か、何かを言いたがっているもの、知ってもらいたがっている何かはないかな?」

「最近の私の生活はどんな感じだろう?」

「今、こうして自分の内側に注意を向けながら、何もかも大丈夫だと言えるだろうか?」

もし大丈夫と言えないとしたら、言えないように邪魔しているその〝何か〟に意識を向けましょう。

今、気になっている人や問題、夢などがあるときは、それをとりあげて、それについて自分の内側にどんな感じがあるか、たずねてみてもいいでしょう。

気になっている人や問題などではなく、自分が好きな文章、映画、音楽などから入るのも一つの方法です。「この作品について、私はどんな感じでいるのだろうか」と自分の内側に問いかけてみてください。

これらの問いかけに対しては、自分で答えようとしないことが大切です。自分では答えないで、からだの内側から反応が返ってくるのを、静かに待っていましょう。

③　何か反応などが出てきたら挨拶をして、そのまま受けとめる。

自分の内側の「感じ」に気づいたら、それがどんなものであっても、やさしく認めていきましょう。「あなたがそこにいるのを知ってますよ」といった姿勢で。（実際に声に出す必要はありません。「そういった姿勢」で、自分の内側にかかわることが大切です）

出てきたものがどんなものであっても、否定したり批判したりしないで、そのまま認めていきましょう。

いろいろな「感じ」が次々に出てきた場合は、それらの一つ一つにていねいに挨拶をし、認めて、そのままにしておきましょう。一つ一つには深入りしないようにします。

そして、それらすべての真ん中にいて、からだから何らかの反応が返ってくるのを静かに待ちましょう。一番注意を引きたがっているものが、自然に浮上してくることが多いものです。

④　出てきたものに関心を注ぐ。

出てきた「それ」のそばに座って「それ」に関心を注ぎながらながめている態度でいま

しょう。「あなたとしばらくいっしょにいていいですか」と「それ」にたずねてみてください。

⑤「それ」から何が出てくるか見守る。

「いっしょにいてもいい」と返事が返ってきたら、しばらく「それ」のそばにいて、関心を注ぎつつ、「それ」から何が出てくるかを待ちましょう。

無理に頭でこじつけたり、考えてしぼり出したりしないように。「それ」から自然に出てくるものを待ちましょう。

⑥出てきたものをしっかり受けとめる。

「それ」の感じにぴったりくる言葉、イメージ、音、動作などを探してみましょう。何かが出てきたら、出てきたものをしっかり受けとめましょう。

フェルトセンスから何かの反応が返ってきたときには、そのたびに「そうなんだね。わかったよ」「～と言いたいんですね。わかりましたよ」といった姿勢で受けとめることが大切です。

⑦感じ方がぴったりかどうか、確かめてみる。

出てきた言葉、イメージ、音、動作などを、ほんとうにそれがぴったりくるかどうか、からだに戻して確かめてみましょう。

「これでぴったりかな」「部分的にはぴったりだけど、もっと何かあるということはないかな」「もっとぴったりくる言葉やイメージはないかな」

そうやって確かめながら「もう十分だよ」という反応が返ってくるまでこの作業（もっとぴったりくる言葉やイメージ、動作などを探す作業）をくり返して、そこで出てきたものを十分に受けとめ、味わいましょう。

⑧　生活の中で「似たもの」を探してみる。

出てきた言葉、イメージ、音、動作などが抽象的すぎて、それが自分の生活にどんな意味があるのか気になったり、具体的な現実の中で答えがほしいと感じるときには、「今の生活の中でそれと似たものはないだろうか」と自分に問いかけてみるのもいいでしょう。

⑨　ていねいに終わらせる。

「十分にやれた」と感じても、「もっとそこに何かないかな」「〝それ〟がもっと伝えたがっていることはないかな」などと、「それ」にたずねてみましょう。

「もっとある」と答えが返ってきたら、そこに注意を向けて⑧に戻ります。特にないようであれば「そろそろ終わりにしてよいだろうか」と「それ」にたずねます。

⑩　次につなげるための目印をつける。
「もう十分。終わってもいい」という答えが自分の内側から返ってきたら、次のフォーカシングのときに、またそこのところから始められるように、今自分がいるところに目印（今のフェルトセンスに一番ぴったりくる言葉、イメージ、音、動作など）をつけましょう。そして、今回出てきたすべてのプロセスに感謝して、ゆっくりと終わりにしましょう。

「今日は、出てきてくれて、本当にありがとう」と、自分のからだ、それから出てきてくれたことのすべてに感謝の言葉をかけて、「また戻ってくるからね」とやさしく伝えましょう。

夢が与えてくれたメッセージ

フォーカシングは、このように、自分の「からだの感じ」（フェルトセンス）に意識を向けることにより、こころのメッセージを受けとっていく方法です。

フォーカシングでは、最近見た「夢」を素材に、自分のこころを探っていくこともできます。

次に紹介するのは、あるカウンセラーのところに相談に来た三十代前半の女性の例です。

この女性には交際中の男性がいました。これまで付き合った人の中で最も好条件。社会的ステータスの高い仕事をしているし、年収も約一千万円。趣味や遊びも合うし、価値観も重なります。デートしていても楽しい。文句なしの相手だと思いました。

「じゃあ、結婚しよう！」——お互いに何不足ないと感じたのですから当然の流れです。

しかし不思議なことに、彼女の中に「本当にこれでいいのかな……」という漠然とした気持ちがふくらんでいき、それは次第に不安へと変化していきました。

そんなとき、彼女はカウンセラーのところへ行ったのです。

彼女は「何度もくり返し見ている夢があるんです」と語り始めました。

「たいしたことのない夢なんです。でも、なぜか気になるんです」と。

そこでカウンセラーは「どんな夢なのですか？」とたずねました。

すると彼女は、「葉っぱが一枚、ヒラヒラと落ちていくだけの夢です」と答えます。「こんな単調な夢には、おそらくあまり意味はないのでしょうけれど」と言います。しかしそう言いながらも、気になっている様子は明らかでした。

そこでカウンセラーは、この夢についてフォーカシングをすることを提案しました。

「その夢のシーンを何度も何度も思い浮かべながら、ヒラヒラと葉っぱが落ちてくる様子をていねいに味わってみてください」と言ったのです。

しばらくして「味わってみて、どんな感じがしますか？」とたずねました。

彼女は最初、葉っぱの色について語っていました。そして次にはヒラヒラと葉っぱが舞う、その背景について語っていました。

しかし、そうしているうちに「この葉っぱの薄さが気になります」と言い始めました。「とてもとても薄い葉っぱです。向こうが透けて見えてしまうくらいに」と。

カウンセラーはこうたずねました。

「では、その薄さに何か意味があるような感じがしますか？　その透けて見えてしまうくらい薄い葉っぱと、あなたの生活の中で何か似たものはありませんか？」

すると、なぜか彼女の心には結婚しようとしている彼氏のことが思い浮かびました。そして次に、彼氏とのある会話のシーンが浮かんできたのです。その会話のシーンをゆっくり思い浮かべた彼女は、次のようなことに気づき始めたのです。

「たしかにすごく楽しい人です。価値観もピッタリです。お互いの関係は、うまくいっています。

けれど、今、気づいたのですが、彼はなぜか、重い話題になると、それを避け始めるんです。二人で真剣に向かい合わなくてはならない話題になると、ふっと肩透かしするように避けてしまうんです。私は実は、そのことに不安を感じていたのだということに、今、気づきました」

次のデートのとき、Mさんはあらためて彼と真剣に向かい合おうとしました。人生の重い、しかし大切な問題を語り合おうとしたのです。しかし彼は、彼女の向ける真剣な思いを避けてはぐらかし続けました。

「あ！　やっぱりこの人とは結婚しないほうがいいんだ」

彼女は、その日、確信しました。

このエピソードから、たくさんのことを読み取ることができます。

この夢のようなほんの小さな素材でも、それが持っている大切なメッセージに耳を傾けていくならば、私たちは、自分の人生を大きく変えていくきっかけとしうるのです。

自分の小さな夢をていねいに味わうなんて、何だかちっぽけな遊びのことのように思える方もおられるかもしれません。しかし実は、こんな小さな夢のワンシーンに、その後の人生を大きく変えていくような大切なメッセージが含まれていることが少なくないのです。

フォーカシングは、このような、人生の小さな出来事や素材が持っている大切なメッセージに耳を傾け、人生を変えていくきっかけとしうるような、そんな自分自身への向かい方ということもできるでしょう。それは、人生を大切に生きるための「秘儀」「奥儀」ともいいうるものです。

「孤独な自分」を引き受けて生きる

人生の「奴隷」にならないために

実存思想で有名なドイツの哲学者フリードリッヒ・ニーチェは言いました。
「あらゆる人間はあらゆる時代と同様に、今でもまだ奴隷と自由人に分かれている。なぜなら、自分の一日の三分の二を自分のためにもっていない者は奴隷であるから。そのほかの点では、たとえ彼が政治家・役人・学者など何者であろうとも同じことである」
（『人間的あまりに人間的』より）

現代人の多くにとって、一日の三分の二を自分のために使うのは、通常なら不可能なことでしょう。ならばせめて、フォーカシングなどをして、純粋に自分のために使う時間を持つことです。自分のためにボーッとする時間を大切にするのもいいでしょう。

仕事や家事の奴隷になった上に、携帯やテレビやパソコンやヘッドフォンステレオの奴隷になって生きるほどもったいないことはありません。あなたの人生の主人公は、あなた自身なのです。

仕事のことも、家事のことも、気にかけなくてはいけない他の人のことも、すべて忘れて、純粋に「自分自身」のために、どれだけの時間を持つことができるか。それが、金銭的な豊かさとは別の、人生の「ほんとうの豊かさ」を手にする上で、最も重要な鍵なのかもしれません。

「自分のため」の時間をどれだけ持てるか——これが、現代人が自分の人生をその原点に立って考え直すときの重要な視点になると私は感じています。

私が大好きな言葉の一つに、人間性心理学のカリスマ的存在、フレデリック・パールズが書いた次の詩があります。

「ゲシュタルトの祈り」
わたしはわたしのことをやり　あなたはあなたのことをやる
わたしはあなたの期待に応えるために　この世にいるわけではない
あなたはわたしの期待に応えるために　この世にいるわけではない
あなたはあなた　わたしはわたし

もし偶然にお互いが出会えれば　それは素晴らしいこと
もし出会わなければ　それはそれで仕方がないこと

この詩には、自分らしい人生を生きていくための秘訣がびっしりと詰まっています。「私は私のことをやり、あなたはあなたのことをやる。わたしはあなたの期待に応えるために、この世にいるわけではない」――この言葉を何度もくり返していると、私は、自分の心がスーッと整っていくのを感じます。

こういった姿勢を身につけるならば、他者の目や世間体などのピアプレッシャーから解放され、自分らしく生きることができるようになります。

しかし、この「ゲシュタルトの祈り」に表現された生き方は、あまりにも厳しすぎる生き方ではないか、と尻込みする人もいるはずです。

ここに表現されているのは、「あなたはあなた　わたしはわたし」という、お互いにしっかりと確立された個が、自分の運命を甘受して生きる生き方だからです。

とはいえ、人間、つねにこんな厳しい姿勢で生きていくことができるわけではありません。時には、未熟な自分を誰かに依存させることも大切です。自分と向かい合うのなんかやめにして、カラオケやお酒に逃げ込むことだってあっていいと思います。

けれど、誰の人生にも必ず訪れる人生の重要な岐路においては、誰かに依存することなく、また、逃げることもなく、しっかりと自分に向かい合うことが必要です。

そんなとき、この「ゲシュタルトの祈り」をぜひ思い出して、何度も何度もこころの中でくり返し唱えてみてください。自分のこころが、スキッと整えられていくのを感じるはずです。

自分をいかに深めるか

私の専門の一つ、トランスパーソナル心理学では、人間は次のようなステップを踏んで成長するのだ、と考えています。

① プレパーソナル――互いに依存し合い、もたれ合う段階。
② パーソナル――依存、もたれ合いから自立し、個を確立した段階。
③ トランスパーソナル――個を超えた何かと出会い、それとの対話のうちに生きる段階。

つまり私たち人間のこころの成長は「個」を確立し、自己実現した段階で終わるわけではない。そうではなく、そうした「個」の実現を超えて、どのように言葉を尽くしても語りえない「人間を超えた何か」と出会い、それとの対話のうちに生きるような段階（ステージ）がある。そのようなステージに立ってはじめて私たちは、本物の人生を生きることができるのだと、トランスパーソナル心理学では考えるわけです。

トランスパーソナル心理学の「トランスパーソナル」とは、「パーソナル（個人性）」を「トランス（超える）」という意味です。したがって、「個人としての自己実現を超えた人間のこころの究極の成長」というこの段階に、トランスパーソナル心理学の真骨頂があることは間違いありません。

この「個を超えた人間のほんとうの生き方」についてご関心がおありの方は、私の別の本、たとえば『生きていくことの意味』（PHP新書）、『トランスパーソナル心理学入門』（講談社現代新書）、『「運命の道」は見つけられる』（サンマーク出版）、そして、近いうちに出る『こうして私は人生の意味を知った』（講談社）などをお読みくださると幸いです。

ただ、ここで重要なのは、先のように、③トランスパーソナルの段階の前に、②パーソナル（個の確立）の段階がしっかり位置づけられている、ということ。

つまり、この心理学では、「人生のほんとうの生き方」「真実の生き方」に到るためには、私たちはまず、お互いにもたれ合い依存し合った状態から脱け出して、先の「ゲシュタルトの祈り」に示されたような、「あなたはあなた　わたしはわたし」という、しっかりとした「個」を築かなくてはならない。それこそが、「ほんとうの生き方」の扉を開くためのドアである、と考えているのです。

つまり私たちは、「ほんとうの生き方」を手に入れるために、他の誰かや集団に依存したり、もたれかかったりしないで、孤独な自分を引き受けなくてはならないのです。

バブル経済の崩壊から十年以上が過ぎましたが、日本社会は混沌としていて、まだ新しい行き方、方向性を定めることができずにいます。しかしここで、単に不況だからといって、過去の成長志向・集団主義による物質的利益追求志向に立ち戻ってしまっては、まったく意味がありません。この不況は、日本社会が新たに生まれ変われるための「好機」でもあるのです。

ごく大ざっぱにいえば、日本もヨーロッパ型の成熟社会の道を歩み始めるべきだ、と私は考えています。もっと大きく、もっと多く、もっと速くという効率追求主義ではなく、「より深く」という垂直次元（こころの次元）を大切にした社会を目指すべきだと考えているのです。

そのためにも、私たちはまず、自分自身を深めることが不可欠になります。

水平的な次元ではなく、垂直的次元において「自分」をいかに深めていくかが重要な課題となるのです。

そして、しっかりと「自分」を見つめ、「自分」を深めていくためにも、私たちはまず、他者や集団へのもたれ合い、依存から脱け出して、「わたしはわたし　あなたはあなた」という、強い「個」を確立する必要があるのです。

人生は、大切なことを実現するためにある

自分を信じ、人生の流れを生きる

最近の私は、サインを求められると、その隣に「どんな自分も大切な自分」と書くようにしています。この言葉が、フォーカシングの、そして私自身の生きる姿勢、自分と向き合う姿勢を最も端的に語ってくれているように思えるからです。

強い自分、弱い自分、はっきりした自分、あいまいな自分、優柔不断な自分、早合点な自分、ずるい自分、清らかすぎる自分……。

どんな自分であっても大切な自分の一部です。ていねいに耳を傾けてあげましょう。

人はつい、自分で自分を評価してしまいがちです。

弱い自分ではダメだ、強い自分でなければ。あいまいではいけない、はっきりと主張できる自分でなければ。優柔不断もダメだ、決断力がなければ……。

そんなふうに考えて、つい自分で自分をコントロールしてしまいがちなのです。しかし、

そのようにして自分をコントロールするのは、きわめて困難です。調子がいいときには自分の思いどおりにふるまえても、なかなか思いどおりにはなれない。その結果、自分の思うようにならない自分に落胆し、さらに自己否定におちいることにもなります。

自分を信じる。自分のあるがままを受け入れる。それは世界を信じることでもあり、人生の流れを信じて生きていくことでもあるのです。

この生き方は、タオイズム（道教思想）にも通じるものがあります。何事も、自分の思うとおりにしようとする必要はない。人生の流れを、そのあるがままを受け入れていれば、すべてはよいように調整されていく。タオイズムでは、そう考えるのです。

自分を信じて生きる。人生の流れを信じて生きる。言葉で言うのは簡単ですが、このように生きるのは至難の業です。

私たち人間は、何かがわかったつもりになり、これで人生の本質を見失うことはないと思える瞬間を幾度も経験しながら、しかし同じ過ちをくり返してしまう生き物だからです。

心理学のワークショップ等の参加者が、「ああ、私はこう生きればいいのだ！」と大きな気づきを得たとしても、そのあくる日、日常に戻って、他者の目や世間体が気になり始めた途端、また元の木阿弥になってしまう。そうしたことは、きわめてよくあることです。

では、そうならないために、私たちがこの本で学んだ生き方を見失わないために必要な視点、考え方は何でしょうか。

私は、私たちに最も力を与えてくれる視点は、「〝自分はいつ死ぬかわからない〟という動かしようのない事実をたえず思い出しながら生きること」だと考えています。

私たちは、自分がまだ何十年も生きると思えばこそ、つまらないことにこだわってしまうのです。地位や名誉、世間体などを気にして悩んでいられるのも、まだかなり生きると思っているからです。

でも、もしも自分が、あと一年しか生きられない、一年後には確実に死ぬ、と想定したら、どうでしょう。のんびりしてはいられないはずです。他人の目や世間体を気にするのはやめて、自分自身にとって本当に大切なことを優先して生きていこうと思うのではないでしょうか。

「自分は間もなく死ぬ」という自覚

ハイデッガーは、著書『存在と時間』の中で、死の実存論的分析、すなわち、死は自分にとってどういう意味を持ちうるか、を分析しています。その結果、死の本質的な特徴として、次の三つを取り出しています。

① 死は交換できない。自分の死を他人が代わって死ぬことも、他人の死を自分が代わって死ぬこともできない。

② 死は先にすませることができない。夏休みの宿題のように、先にすませておいて、あとでゆっくり生きる、などということはできない。

③ 死ぬとき、人はみな孤独である。どんなに周りに誰かいようと、まさに死ぬその瞬間には、人はみなたったひとりで死ぬほかない。

人間は現実生活からこの「死」というものを覆い隠すことによって、何とか日常の心の安定を得ている。したがって、私たちが本来の自分にたえず立ち戻って生きるための最もよい道の一つは、「自分は間もなく死ぬかもしれない。しかも、たったひとりで死ぬ」という動かしがたい事実を、(他の誰かのことではなく)まさに自分自身のこととしてリアルに自覚して生きることだと、ハイデッガーは言うわけです。

いかがでしょう。極端な話ですが、「自分があと一週間しか生きられない」ことが突然わかったと想像してみましょう。もう、他人も世間の目なども気にせずに、自分にとって本当に大切なことだけのために、一瞬一瞬心を込めて生きていきたいと思うのではないでしょうか。

他者との関係についても同じです。

私のワークショップでは、最近よく、次のようなエクササイズ（実習）を出します。

（「臨終の内観」というエクササイズです）

「あなたがあと一週間しか生きることができないと、突然知らされたとします。そしてついに、臨終の時間が訪れようとしています。今から、あなたにとって大切な人、お世話になった人、迷惑をかけた人を一人一人思い浮かべながら、別れの言葉をかけていってください」

私たち人間は自己中心的で傲慢な生き物です。つい、自分がしてあげたことばかりに目が行き、してもらったこと、迷惑をかけたことを忘れがちです。「臨終の時間」を意識することで、他者との関係をその本来の地点に立ち戻って、見つめ直すこともできるのです。

このように私は、「自分は間もなく死ぬかもしれない」という事実を、リアルに自覚しながら生きることが、自分の本来の気持ちに立ち返って生きる上で最も大切なことだと思っています。

中世のヨーロッパには「メメント・モリ」という言葉がありました。中世ヨーロッパのインテリは、ラテン語でその言葉を記した石や文鎮を机の上に置き、たえずその言葉を心に刻むように工夫していたのです。

「メメント・モリ」。日本語にすれば「死を想え」です。死を想うとは、「自分はどこから来て、どこへ行くのか」を見つめることです。そしてそのことが、生きている今このひと時を慈しみつつ生きていくことにもつながるのです。

私自身は、自分の人生をいつも三年で区切ってどう生きるか考えるようにしています。あと三年間しか生きられないかもしれない。そう想定し、「もしあと三年しか生きられないとしても、悔いの残らない、し残したことのないような生き方をしたい」——そのような基準で、何をし、何をしないかを考えるようにしているのです。

「まだ若いのに、あと三年しか生きないなんて……」と思われる方もいるかもしれませんが、これが意外と役に立ちます。たとえば、これとあれとどっちを選ぶか、どのテーマの本を書いて、どの本を書かないか、などの選択のときに、「あと三年しか生きない」と想定して、「どちらを捨てたほうが悔いが残らないか」と考えると、意外と楽に選べることが多いのです。

私はできるかぎり、電話にも出ないし、年賀状も出さないようにしています。eメールの返事も一週間は待ってもらいます。そんな不義理をしているのも、雑事をこなすことより、一瞬一瞬の大切な時間を心を込めて生きていたいからです。

自分の人生の主人公は自分自身です。あなたの人生のプロモーターはあなた自身なのです。しかも残された年月は三年かもしれません。五年かもしれません。

そう考えると、他者や世間の目など気にしていられなくなります。時間がもったいなくて仕方ないからです。

自分を主人公にした生き方ができるかどうか。それはつまるところ、あなた自身の問題です。

限りある人生の中で、なすべきこと

自分が自分の人生の主人公となって生きるのを妨げるものに、「自分は人生の被害者である」という思い込みがあります。

「私は、あんな親に、あんなふうに育てられたから、あの親のせいでこんなふうにしか生きられなくなってしまった」

「私は人生の被害者だ。悪いのは私の親だ。親が私を愛してくれなかったから、私が、こんな人生しか生きられないのも仕方がない」

「私の父親はロクでもない男だった。そのせいで、私はいつもロクでもない男につかまってしまうんだ」

「私の母親は愛のない冷たい人だった。だから私は、いつも愛と温もりを求めて、ついつい人に依存してしまう。けれど、それは仕方のないことだ」

あなたの親があなたを愛してくれなかった。それは、たしかに事実かもしれません。しかし「私は愛されなかった子どもである」という人生の物語に、自分を縛りつけて、不幸を深めてしまうのはその人自身です。そして逆に、そんな状態から脱け出せるのも、その人自身の努力によるしかありません。

つまり、あなたが幸せになるか不幸になるかを決めるのは、過去や他人ではありません。過去や他人はあなたの人生に影響を与えるかもしれませんが、それを決めることはできません。あなたの人生の幸不幸を決めるのは、究極的には、あなた自身でしかありえないのです。

私は私を変えられる——そこが出発点であり、その決意なしに人生が開けることはありえません。

本書をしめくくるにあたり、もう一度、強調しておきます。

あなたを救える人は、あなただけです。

あなたがあなた自身を変えようとする決意を持ち続けるかぎり、あなたの前には無数の援助者が現われてくることでしょう。

あなたが、自分は自分の人生を生きるほかないと決意し、それに伴う孤独を引き受けたとき、あなたの目には、同じように自分らしく生きようと孤独を引き受けて生きている無数の人々の、イキイキとした姿が飛び込んでくることでしょう。

その瞬間から、あなたの孤独は、もう、孤立無援の孤独ではなくなります。

自分らしく生きるために、孤独を引き受けて生きる。そんな生き方を実現するための三つのステップを最後に紹介しておきましょう。

① 自分の死を、リアルに自覚する。いつか死ぬ、のではなく、「人生はあと三年しかない」と想定してみて、死（人生の終わり）をリアルにイメージした上で、自分の人生をプ

ランニングする。

② 「人生はあと三年しかない」とリアルにイメージした上で、何は捨てることができ、何は捨てることができないか、何をし残したままますませると心の底で悔いが残るか、自分の心に問いかけながら、「なすべきこと」のランク付けをする。「自分にとって、本質的には大切ではない」と気づいたものは、きれいさっぱり捨て去る。

（三年間の間にしないですませることの大半は、結局、人生で最後までせずにすましてしまいがちです。しないまま残しておくと、あとで後悔しそうなことは「必ず三年以内にする」と決断する上でも、この方法はきわめて有効です）

③ ランク付けの中に記されたもの、そして自分の人生プランをじっくりと見つめながら、「自分の人生に与えられたテーマ」「自分の人生の意味と目的」「自分がこの世に生まれてきたことの意味と使命（ミッション）」は何か、自分のこころに問いかけてみる。そして「その人生の目的や使命を実現するために、ここに書かれた〝なすべきこと〟はどんな位置を占めるか」を考えてみる。

その上で、「私の人生はこれらを実現するためにある。私の人生の主人公は私。私は私。あなたはあなた。他の人の目など気にしていられない。自分のなすべきことをやりとげるために、他人にどう思われようと気にしない」と、心の中で宣言する。心の中で（できれば声に出しながら）一日何度も、キッパリと言い切ることが大切です。

この三つを毎日、少しずつでも、くり返し、くり返し、行ない続けてみてください。

あなたはそのうち、自分が少しずつ、じわーっと変化していくのに気づくことでしょう。

おわりに

ここ数年、私は、〝孤独力〟という言葉をキーコンセプトにして〝ひとりでいる時間〟を大切に生きていこうと呼びかけてきました。

というのも、人は、ゆったりと自分だけのために〝ひとり〟でいることのできる時間を持つことではじめて、自分のこころの声に耳を傾けることができるからです。自分のこころのメッセージを聴いて、自分のほんとうにしたいこと、ほんとうに求めているもののために、時間とエネルギーとを使って生きていくことができるようになるからです。

けれども残念なことに、私たち日本人にはまだまだ、こうした贅沢な時間の使い方が苦手な人が多いようです。いつも〝何かのため〟〝誰かのため〟と忙しく過ごすことが充実した人生だと勘違いしてしまいがちです。そして、そうこうしているうちに、いったい自分が何をしたいのか、ほんとうは何を欲しているのかさえも、わからなくなってしまいやすいのです。

日本社会は経済的には、もう成長期を終えて成熟段階に入っています。にもかかわらず、一人一人の生き方は、まだなお〝より多く〟〝より速く〟という効率主義で、〝より深く〟〝より味わい深く〟という成熟した生き方への脱皮はままなりません。このままでは、ほんとうの意味で成熟した社会になるのは遠い日のことにならざるをえないようです。

本書のテーマ〝他人の目を気にせずに生きる技術〟とは、この〝孤独力〟〝ひとりを楽しむ力〟を構成する基本的なスキルです。

他人の目ばかり気になって仕方ない人は、孤独になること、ひとりでいることに強い不安を覚えます。他人からどう思われるかが気になるあまり、ひとりになって、自分の心の声に耳を傾け、それに従って生きていくことができなくなっているのです。

〝他人の目を気にせずに生きる技術〟。それは、言い換えれば、人が、自分らしく生きるための技術。他人に嫌われるのを恐れてビクビクしながら生きるのをやめて、自分が自分の人生の主人公となって生きる技術です。よい意味で自己中心的に――自己を人生の中心に置くという意味で――生きていくための技術といってもいいでしょう。

本文中でも書きましたが、私がこの技術を身につけたのは、青年期のあるときでした。

それまで、他の人から拒否されることばかり恐れ、他人から愛されよう、好かれようと他人の目に映る自分の姿ばかり気にかけて、不安だらけの人生を生きてきた私。

他人の目が気になるあまり、緊張が強くて、小学校低学年の時は場面緘黙《かん》（教室の中に入った途端、一言も話せなくなるのでした）、チック（顔をいつもピクピクさせていました）、吃音（いわゆる、どもりです）の三重苦を抱えていた私。

そんな私が、しかしあるとき、このままではいけない、と奮起して、毎日毎日、自分に次のように言い聞かせ始めたのでした。

「他の人からどう思われても、かまわない」
「他の人から嫌われても、かまわない」
「俺には、俺の、人生がある」
「俺には、俺の、なすべきことがある」
「俺は、他の人から好かれるために、生きているわけではない」

こんな言葉を毎日、何千回も――時には町ですれ違う人をにらみ付けながら――こころの中で唱えることで、私は実際、他人の目がまったく気にならなくなっていったのでした。

この私の治療法は、いわば荒療治で、多くの人に勧められるものではありません。本書では、カウンセリング心理学の理論と技術に基づいた、よりマイルドで、より効果的な方法がいくつも紹介されていますから、そちらを参考にしてください。

私がここで言いたいのは、むしろ、そうして自分が変わる前と、変わった後とでの、あまりの違いの大きさについてです。

それまで、他の人の目ばかり気にしてクヨクヨしながら生きていた。自分が生きているにもかかわらず、自分の人生の中心は自分ではなかった。人生の主人公は親であり、友人であり、教師であって、そうした人に気に入られることが価値あることだと思って生きてきた。いつも他人の評価ばかり気にして、心の中は不安でいっぱいだった。

それがどうでしょう。

この荒療治で変わった後の人生の、何と、すがすがしいことか。

「俺には、俺の、人生がある」

「俺には、俺の、なすべきことがある」

「俺は、他の人から好かれるために、生きているわけではない」

つまり、「私の人生の主人公は、ほかならない、この私自身である」という感覚。

その感覚が、からだ中に、ジワーッと染み渡るように広がってきて、このときから、自分の人生がほんとうの意味でようやくスタートしたことをからだで実感したのでした。

この体験から、私は、確信したのです。

人生には、たった、二種類しかない。

つまり、自分が自分の人生の主人公となって生きる人生と、他人を主人公として生きる人生との二つしかない。

あるいは、〝自分〟を生きる人生と、他の人からどう思われるか、そればかり気にして生きる不安だらけの人生との二つしかない。

この二つしかない、と私は、ハッキリわかったのです。

そして、多少厳しい言い方をすれば、後者の人――つまり、他人を人生の主人公として生きている人――は、実はまだ、人生を生きているとは言えない。その人の人生は、まだ、始まっていないに等しいのです。

せっかくこの世に生まれてきたのだから、他の人からどう思われるかを気にしてビクビクしながら生きるのはもうやめて、自分が自分の人生の主人公となって生きていってほしい。私は、この世に生まれてきたすべての人に対して、こころの底から、そう願っています。

私自身かつて、他の人からどう思われるか気にしてばかりいたので、その生き方をやめると人生がどれほど大きく変わるか、どんなに心地よく、すがすがしく、充実したものになるか、身に沁みて知っているからです。

本書をお読みになった方が少しでも、他人が主人公の人生――他の人の目ばかり気にした不安だらけの人生――から、自分が人生の主人公となった人生――自分がほんとうにしたいこと、なすべきことに邁進する人生――へと、生き方を変えていけますように。

そのことを心からお祈りして、本書を閉じさせていただきます。

＊人が、より自分らしい人生を生きるための、心理学のワークショップ（体験的な学習会）をおこなっています。
御案内を希望される方は、八〇円切手を貼り、住所氏名を明記した返信用封筒同封にて左記までお送り下さい。
〒260-0044　千葉市中央区松波二-四-一四-四〇一
気づきと学びの心理学研究会〈アウエアネス〉

「他人《たにん》の目《め》」を気《き》にせずに生《い》きる技術《ぎじゅつ》

2003年6月24日　初版発行

著　者……諸富祥彦《もろとみよしひこ》
発行者……大和謙二
発行所……株式会社大和出版
東京都文京区音羽1－2 6－1 1　〒112-0013
電話　営業部03-5978-8121／編集部03-5978-8131
印刷所……信毎書籍印刷株式会社
製本所……有限会社誠幸堂
装幀者……郷坪浩子

乱丁・落丁のものはお取替えいたします
定価はカバーに表示してあります

ISBN4-8047-1646-7